PROCÈS
DE BUONAPARTE.
PREMIÈRE PARTIE.

PROCÈS
DE BUONAPARTE

PAR LEWIS GOLDSMITH,

AUTEUR DE L'HISTOIRE DU CABINET DE S.-CLOUD,

OU

ADRESSES, LETTRES, ÉCRITS, DÉBATS SURVENUS EN ANGLETERRE TOUCHANT LA DÉPORTATION DE NAPOLÉON BUONAPARTE.

TRADUIT DE L'ANGLAIS,

DEUXIÈME ÉDITION,

ugmentée de Notes inédites.

Chez PLANCHER, Éditeur, rue Serpente, n°. 14;
EYMERY, Libraire, rue Mazarine, n°. 30;
DELAUNAY, Libraire, au Palais-Royal.

1816.

A BRUXELLES,

Chez LECHARLIER, Libraire.

UN MOT DU TRADUCTEUR.

L'ADRESSE dont j'offre ici la traduction parut en Angleterre dans les premiers jours du mois de juillet dernier, sous le titre singulier de *Procès de Buonaparte*, que je crois piquant de reproduire. A-t-elle été réellement mise sous les yeux des Augustes Souverains, à qui elle est dédiée? Je l'ignore : M. Goldsmith ne nous l'apprend pas ; du reste, à l'époque de sa publication, Buonaparte ne s'était pas constitué encore prisonnier du gouvernement Anglais. Cette étonnante détermination du politique le plus perfide aurait-elle apporté quelques changemens dans les intentions des puissances coalisées à son égard? c'est ce que je me propose d'examiner plus tard. Quoiqu'il en soit, la reddition pure et simple, et sans condition, de Buonaparte a été publiquement le sujet de très-grands débats en Angleterre. Ses partisans (j'ai honte d'avouer qu'il en ait dans ce pays comme en France) cherchent à persuader, même à leurs compatriotes, que la déportation de Buonaparte à l'île Sainte-Hélène est injuste, qu'il est loin de mériter un châtiment aussi rigoureux; lui-même a bien osé réclamer contre la *secrette détermination* de tous les cabinets de l'Europe.

Le motif de l'écrit de M. Goldsmith est pur, et son opinion est celle de toute une Nation qui, fatiguée de vingt-cinq ans de souffrances, ne désire que la paix, l'union et le repos... Mais, qu'ai-je dit! la paix! le repos!.. *Quel repos durable peut hélas! espérer le monde tant que Buonaparte existera?* Voulant prêter une force nouvelle aux raisonnemens de M. Goldsmith, je me suis appuyé des autorités les plus respectables. Si mes idées ne sont pas toujours conformes, ou à la saine doctrine, ou bien au système définitivement adopté par les divers Souverains de l'Europe, du moins suis-je de bonne foi. Je chéris ma patrie ; j'adore les Bourbons ; l'amour de leur dynastie m'a seul fait concevoir l'idée d'émettre mon opinion sur un des événemens politiques qui intéressent le plus et les Rois et les peuples. — Entre un bon Roi et ses sujets, ne sont-ils pas, en effet communs. Hélas! la même révolution qui ébranle un trône, renverse aussi la chaumière du laboureur, détruit l'industrie de l'artisan, anéantit le commerce, les arts, et coute enfin à tous du sang, de l'or et des larmes.

Les débats assez bizarres qui sont survenus en Angleterre, au sujet de Buonaparte, m'ont paru, dans les circonstances actuelles, avoir une physionomie trop particulière pour ne point les faire connaître en France ; ils seront, pour l'observateur, une source de méditations. Quant à mes propres réflexions, elles tendent toujours, comme par le passé, à prouver, *quoiqu'il arrive*, le droit imprescriptible de tous les Souverains de l'Europe, surtout de S. M. le Roi de France, sur la personne de Buonaparte; à démontrer la *nécessité morale et impérieuse* où ces Monarques sont d'anéantir à jamais, jusqu'à son souvenir. Les intérêts de leurs couronnes, la voix des peuples, l'indépendance du continent, l'inviolabilité, peut-être encore incertaine, du trône de France... tout enfin réclame une dernière justice, une justice éclatante.

PRÉFACE

DE M. GOLDSMITH.

D'APRÈS la connaissance intime que j'avais acquise du caractère de Napoléon Buonaparte, de celui de ses complices, enfin de l'ensemble de sa conduite (1), je conçus l'idée, dans une

---

(1) L'histoire du *Cabinet de St.-Cloud*, dont la vente fut prohibée en France, à la secrète sollicitation de quelques grands personnages qui ont depuis joué un fort vilain rôle dans la dernière conspiration, renferme au milieu d'anecdotes invraisemblables ou fausses, des traits piquans, des notes curieuses sur l'origine, les opinions de Buonaparte, de sa famille et des principaux agens de la révolution; ainsi M Goldsmith, égarant d'un côté notre opinion, sur tels et tels hommes d'état, estimables, dignes de notre reconnaissance, signale, d'un autre, de la manière la plus énergique, des monstres qui s'enveloppaient à nos yeux du voile de l'hypocrisie ou des prestiges d'une gloire factice.

lettre que j'adressai aux souverains alliés par la voie de mon journal, de traduire ce grand coupable devant un tribunal suprême, créé par tous les Etats de l'Europe. Ma lettre fut publiée dans l'*Anti-Gallican* du 23 janvier 1814. Bientôt je me persuadai que le cours des succès qui précipitaient la marche des Alliés serait vraisemblablement suivi des résultats fortunés qui se manifestèrent environ trois mois après ce temps. Si l'avis que j'avais osé donner, avec la plus humble réserve, avait été pris alors en considération, tous les malheurs, tous les désastres qui sont les fruits de la dernière invasion en France eussent été évités. Des millions ont été prodigués, des torrens de sang-humain ont coulé! Et pourquoi? Parce qu'on a permis à un misérable de s'échapper (1), et c'est principalement pour

---

(1) Les moyens qui furent donnés à Buonaparte pour s'échapper de l'île d'Elbe, sont encore un mystère en France. Plus loin, je m'efforcerai de jetter quelque jour sur ce point important. Au parlement d'Angleterre, il a été mis en question de savoir, si le colonel Campbell avait pu prévoir la fuite de Buonaparte, ou du moins

les Anglais que les conséquences de cette levée de boucliers doivent être affreuses. La majeure partie des trésors qui viennent d'être

---

y mettre obstacle. Voici deux considérations de fait qu'on allégua : la première, c'est que Buonaparte n'était pas prisonnier, mais bien souverain de l'île d'Elbe. N'a-t-il pas depuis dit lui-même « : J'étais souverain indépen- » dant ; j'avais donc le droit de faire la guerre à un au- » tre souverain et même à Louis XVIII, si je le jugeois » à propos ». Que de droits Buonaparte ne s'est-il pas mille fois arrogé dans sa vie, avec tout autant de légitimité... En supposant donc *une souveraineté aussi bien démontrée*, il est conséquent que ses moindres actions ne pouvaient être surveillées avec la rigueur qu'on va déployer aujourd'hui envers lui. Le second fait me paraît un peu plus louche ; il réside en effet dans l'impossibilité probable, où deux frégates croisant près d'une île, seraient d'observer des mouvemens d'évasion, faits surtout nuitamment. S'il s'agissait d'aborder franchement la question, je dirais au colonel Campbell : ou Buonaparte était souverain de l'île d'Elbe et conséquemment libre de toutes ses actions, ou bien il était confié à votre surveillance pour que vous empêchâssiez toute évasion du lieu de sa retraite. Dans le premier cas, à quoi bon croiser éternellement devant son île, puisque vous ne deviez avoir aucun droit, aucun motif de surveiller, de

dissipés est sortie des coffres de l'Angleterre (1), le sang qui a été répandu est surtout celui de nos compatriotes (2). Une semblable

---

comprimer jusqu'à ses moindres mouvemens. Dans la deuxième hypothèse, beaucoup plus probable que la première, n'était-il pas dérisoire que vous employassiez pour la stricte surveillance d'un personnage aussi important, des moyens reconnus vains et insuffisans... Je ne vous demanderai pas, d'ailleurs, en vertu de quels permis tant de correspondances suspectes passaient devant vos yeux, tant de gens dangereux allaient et venaient de l'île d'Elbe en France. Mais la noble conduite du prince de Waterloo, du gouvernement anglais, nous forcent en quelque sorte, jusqu'à nouvel ordre, à croire à la justification du colonel Campbell : la boutade de Goldsmith serait-elle inconsidérée ?.....

(1) Le gouvernement anglais a fait un emprunt d'environ 860 millions de France. Dans le court espace de six semaines, on nons dit que la somme de 16 millions sterlings a été versée à la banque d'Angleterre.

(2) On a évalué à 800 officiers supérieurs ou autres, à 10 ou 12 mille soldats, le nombre d'Ecossais ou Anglais tués dans cette dernière coalition. Des souscriptions ont été ouvertes dans toute l'Angleterre, dont les produits seront affectés au soulagement des veuves; orphelins et soldats blessés.

crise est près de se renouveler encore : ce grand criminel va bientôt tomber au pouvoir des Souverains alliés : très-probablement il leur sera livré par ses propres complices, ou par une nation outragée qu'il a si long-temps tyrannisée (1); je pense donc qu'il devient en ce moment à propos de remettre au jour mon adresse du 23 janvier 1814, sans y rien ajouter, sans en altérer une seule ligne; mais je ferai seulement observer que, si les Alliés furent dans le temps suppliés, au nom de l'Europe souffrante, de faire briller le glaive de la justice et d'infliger le châtiment dû au grand destructeur du genre humain; dans les circonstances présentes, ce second appel que je fais à leur juste sévérité acquiert de nouvelles forces. N'avons-nous pas vu qu'il cherchait encore à conserver le pouvoir entre

---

(1) Les étrangers ne s'étant jamais formé une juste idée des précautions inouies que prit toujours Buonaparte pour la conservation de sa personne, n'imaginent pas comment des Français n'ont pu en aucun temps s'en saisir et faire justice de leur oppresseur. Ils nous accusent assez généralement d'indifférence et d'apathie.

ses mains, au moyen de l'abdication vraiment illusoire qu'il faisait en faveur de son fils? Il fallait en vérité que lui et ses partisans conçussent une bien mauvaise opinion de la sagesse des Souverains alliés pour supposer un seul moment qu'une semblable abdication pût être considérée autrement que comme un artifice (très-grossier, par parenthèse) pour le soustraire au danger qui le menaçait. Quoi! c'est ce même homme qui tout récemment viola l'acte le plus solennel, l'abdication la plus absolue de tous ses pouvoirs, abdication faite, non pas seulement en son propre nom, mais au nom de sa famille entière, dans laquelle son fils se trouve naturellement compris (1); ce même homme qui donna pour

---

(1) Le comte de Liverpool disait, le 7 avril dernier, au Parlement : « La condition d'après laquelle le traité fut exécuté par les Alliés, a été la renonciation complète et absolue de Buonaparte à toute prétention à la couronne de France; la démarche qu'il vient de faire est une violation claire, positive, incontestable du traité et de tous les arrangemens qui ont été faits à l'époque de ce traité. Si la nation Française l'eût invité

raison de son abdication l'impérieuse nécessité à laquelle il fut dans le temps forcé de céder (1), et qui depuis offrit cette même abdication comme le motif le plus plausible de sa violation (2)! Ne serait-il pas étrange, en

---

à revenir en France, ce serait une violation faite au traité par la nation elle-même; mais ce n'est pas la nation qui a appelé Buonaparte, il est arrivé en France et en a pris le gouvernement en opposition de la nation, et à cet égard la révolution qui vient d'avoir lieu diffère de toutes celles qui se sont succédées dans ce pays; elle a été une saisie directe du gouvernement par la force militaire.

(1) Les traités que les princes font par force sont aussi obligatoires que ceux qu'ils auraient faits de bon gré. *(Esp. des Lois, L. 26. Ch. 20.)*

(2) Buonaparte avait dit au général Koller : « Les Alliés ne remplissent pas exactement les engagemens qu'ils ont contractés envers moi; je pourrais par conséquent révoquer mon abdication qui n'a été que *conditionnelle*....... je n'ai renoncé à mes droits que pour épargner à la France les horreurs de la guerre civile.... maintenant que je connais toute l'étendue du mécontentement qu'inspirent les mesures prises par le nouveau

vérité, qu'un pareil homme espérât encore se faire écouter, surtout quand il sait que les Alliés, dans leur déclaration du 1er. avril 1814, signée par l'empereur Alexandre lui-même, ont solennellement déclaré qu'ils ne traiteraient jamais avec lui ni avec aucun individu de sa famille? Mais, dans ce cas même, où les Alliés auraient voulu aquiescer à sa demande, qu'est-ce que le règne de Napoléon II, si ce n'est celui de Napoleon Ier.? Et, je le répète, cette nouvelle abdication n'avait d'autre but que celui d'engager les Alliés à suspendre pour un moment le cours de leurs victoires (1).

---

gouvernement, je pourrai dire à mes gardes que j'avais à la vérité renoncé à mes droits pour donner la paix à la France, mais que je *suis* maintenant *appelé à suivre le vœu de la nation.* » Le chancelier de l'Echiquier, a dit à ce sujet, que les proclamations de Buonaparte portaient dans leurs significations et presque dans leurs expressions, qu'il avait toujours eu l'intention de violer ce traité à la première occasion ; qu'il n'avait fait que pour un moment le sacrifice de la couronne de France, et qu'il avait toujours conservé le projet de la ressaisir aussitôt qu'il le pourrait.

(1) Pour la deuxième fois le territoire français se

Loin de nous des tentatives si impuissantes de mystification! Que le glaive de la justice ne demeure pas plus long-temps suspendu!!

On ne dira sans doute pas que l'usurpation sanctifie la personne du criminel (1); qu'un seul de ses actes ait pu acquérir une fois un caractère de souveraineté (2); qu'un usurpa-

---

trouve investi par les armées étrangères. Un auteur a dit : « Si une guerre injuste enrichit l'État pour un temps, *si elle recule ses frontières*, elle le rend odieux aux autres nations et *l'expose au danger d'en être accablé.* »

(1) En principe, les premières bases d'un gouvernement doivent être la stabilité et l'inviolabilité de ses chefs.

(2) Lorsqu'un prince s'est injustement emparé de la souveraineté ou de vive force, ou par des artifices, ou par des voies obliques, que doit faire un bon sujet qui semble n'être point dégagé de la fidélité qu'il devait à son ancien maître ? Les choses peuvent tourner de telle manière qu'il lui soit non-seulement permis, mais même d'indispensable obligation d'obéir à celui qui est en possession de la couronne, à quelque titre que ce soit » cela arrive lorsque le prince légitime se trouve

teur aussi vil puisse fuir avec impunité par la seule raison qu'il fut chef de parti, salué Roi par ceux qu'il avait associés à ses crimes. Si le lecteur veut bien jeter les yeux sur le passage suivant, tiré de Vattel, il se demandera alors si, même dans l'opinion de ce publiciste éclairé, un monarque légitime ne s'exposerait pas à voir tous les peuples se liguer contre lui et à être puni de mort. S'il en peut être ainsi d'un monarque légitime, à combien plus forte raison en serait-il de même d'un usurpateur : voici les expressions de Vattel :

« Pour ce qui est de ces monstres qui, sous

---

réduit à une telle extrémité qu'il est absolument hors d'état d'exercer envers ses sujets aucune fonction de souverain. Car, quoique les ordres de l'Usurpateur n'émanent pas d'un pouvoir légitime, et qu'ainsi ils n'aient pas par eux-mêmes force d'obliger, la raison veut que celui qui est en possession de la souveraineté, quel qu'il soit, en jouisse paisiblement, pourvu qu'il règne en bon prince; l'intérêt commun demandant que l'état soit gouverné par un Usurpateur même, plutôt que d'être exposé à des troubles continuels par les fréquens changemens de maîtres. (*Puffend.*, *L.* 7, *Ch.* 8.)

le titre de souverains, se rendent le fléau et l'horreur de l'humanité, ce sont des bêtes féroces dont tout homme de cœur peut avec justice purger la terre ». *(Loi des Nations, L. 2. Ch. 4).*

Mais dans la position où nous nous trouvons, je m'opposerais de tout mon pouvoir à la plus petite idée de vengeance secrète; je conjurerais tout zèle indiscret de quelque partisan mal dirigé. Le criminel est actuellement en notre pouvoir; la paix de l'Europe est assurée (grâce à la noble conduite des Alliés). Toutefois convient-il bien que ce grand exemple de justice distributive soit donné de manière à ne pas diminuer l'excellent effet de la grande leçon qu'on en doit tirer? Infliger un châtiment à la hâte, en secret ou sous l'influence d'une passion quelconque, serait en détruire toute la solennité. « La justice, dit Burke, est réfléchie et noble jusque dans ses châtimens; elle semble plutôt céder à la nécessité que prendre un parti. » Puissent les Souverains alliés prêter quelque attention au système de ce politique éclairé! Et plût à

Dieu, pour le bonheur de l'Europe, qu'on eût, dès l'origine des guerres révolutionnaires, suivi ses principes, adopté sa politique.

LEWIS GOLDSMITH.

76 CHARLOTTE STREET,

Fitz-Roy-Square.

Londun, juillet 1815.

ADRESSE

AUX SOUVERAINS DE L'EUROPE.

Plaise à Vos Majestés Impériales et Royales de daigner agréer cette Adresse.

En m'adressant ainsi publiquement à Vos Majestés, je sens toute la hardiesse de mon entreprise : peut-être serai-je accusé de présomption pour avoir essayé ce qu'aucun écrivain n'osa jamais sans doute tenter avant moi. Mais comme nous vivons dans des temps si extraordinaires, j'ai eu l'idée aussi de me singulariser en adoptant un plan de conduite à part. Notre célèbre Burke a dit : « S'il peut jamais être un temps destiné à de grands événemens et à des crises extraordinaires, c'est assurément l'heure terrible que la Providence vient de nous marquer ».

Mais le motif qui m'engage à me charger de cette tâche difficile, c'est que je me persuade qu'il est venu à la connoissance de Vos Majestés que j'ai été bien initié dans tous les mystères de la révolution comme dans les actions de cette ombre (1) d'Empereur imposé à la

---

(1) Pour les contrats de ceux qui se sont rendus maîtres d'un État sans y avoir aucun droit, les peuples ou les véritables rois n'y seront pas tenus, parce que ces usurpateurs n'ont pas eu le droit d'obliger les peuples. (*Grotius*, l. 2, ch. 14.) C'est conformément à ce principe consacré que S. M. Louis XVIII vient d'anéantir toutes les promotions, nominations et décorations accordées par Buonaparte depuis le 20 mars, comme nulles et de nul effet. C'est en vertu d'un autre principe que Sa Majesté, lors de sa première entrée en France, se montra moins sévère, et conserva une très-grande partie des nominations de l'Usurpateur. *Puffendorf* a dit : Si le prince légitime se trouve réduit à un tel état qu'il lui soit impossible de défendre ses sujets, comme il y est obligé en tant que souverain, et que d'un autre côté, les sujets n'aient pas non plus assez de force pour résister à l'usurpateur, sans s'exposer eux-mêmes à une ruine certaine, il y a lieu de présumer que le prince dépossédé décharge ses sujets, autant qu'il est nécessaire pour leur propre conservation, de l'obligation où ils étaient envers lui, jusqu'à ce que la Providence lui ouvre quelque voie favorable pour

France. Leurs Majestés de Prusse, de Bavière de Wirtemberg, l'Electeur de Bade et leurs

---

remonter sur le trône. (Nous verrons plus bas que cet oubli peut s'étendre même jusqu'aux contrats passés ou alliances faites par des nations étrangères avec l'usurpateur.) Ainsi les engagemens où sont les sujets, en vertu du serment de fidélité qu'ils ont prêté à l'usurpateur, *ne s'étendront pas plus loin*, et ne sont pas tant fondés sur *un motif de conscience* que sur la nécessité de se délivrer *d'un danger présent.*

Ainsi fut-il juste que, remontant sur le trône de ses aïeux, Sa Majesté ne sévît pas contre la partie du peuple qui avait ostensiblement prêté serment de fidélité à Buonaparte, soit même qu'elle ne l'eût pas prêté par la seule nécessité de se délivrer d'*un danger présent*; fût-il juste qu'il conservât à des fonctionnaires publics des postes qu'ils avaient remplis avec honneur et probité sous le règne de la tyrannie; qu'il accueillît de braves militaires qui, pour une cause impie, il est vrai, avaient pendant quinze ans et plus exposé leur vie, croyant répandre leur sang pour la gloire nationale de leur pays; que leurs grades leur fussent conservés, leurs pensions garanties. Alors ces divers membres agissans de la nation jouissaient, aux yeux de Sa Majesté, des bénéfices du principe que je viens d'établir; ils étaient censés n'avoir pu ni dû agir autrement. La rentrée de leur Roi légitime détruit soudain, par le fait, jus-

Ministres m'ont vu, et savent que ce que j'avance aujourd'hui est l'exacte vérité.

---

qu'aux moindres liens qui les attachaient à l'usurpateur, détruit même jusqu'aux obligations personnelles qu'ils lui pouvaient avoir. S'ils ont bien servi leur pays, c'est leur pays seul qui les a récompensés. Ils abjurent leurs erreurs, le Roi les oublie et reçoit leur serment de fidélité. Mais bientôt une affreuse conspiration s'est tramée; un rebelle mis *hors la loi de toutes les Nations* ose reparaître sur un sol pour lequel il est devenu entièrement étranger. Quels sont donc aujourd'hui ses titres ?... D'avoir abdiqué formellement, à jamais, pour lui et ses descendans, un pouvoir usurpé. Suppose-t-on qu'il ait pu, en l'absence du Souverain légitime, avoir quelques droits de s'asseoir sur le trône de France ?... Eh bien ! il a même perdu les droits de cette usurpation.... Le Roi est au milieu de ses sujets. Cependant, audacieux, le rebelle s'avance..... Dans cet état de choses, est-il une nouvelle excuse pour ceux qui violeront leur serment de fidélité, qui joindront leurs vœux, qui rallieront leurs armes à celles de Buonaparte, au moment où la voix touchante de leur Roi les appelle, les conjure de rentrer dans le devoir, au moment, dis-je, où, quittant malgré lui son palais, il leur annonce que l'Europe en armes anéantira le rebelle et vengera l'injure faite à l'inviolabilité des trônes? Les sujets qui ont prêté, *sans contrainte* serment de fidélité à Buonaparte, qui

Il a plu à la Providence de couronner les efforts de vos armes des succès les plus éclatans; mais il vous faut poursuivre ces succès, il les faut poursuivre jusqu'à ce que *tous les germes de la révolution française soient détruits*. En effet, comme tous les gouvernemens qui sont émanés de la révolution n'ont existé que par l'injustice, le brigandage et le meurtre, ils doivent être nécessairement et par cela même ennemis de tous les autres gouvernemens.

Sa Majesté le Roi de Prusse peut se souvenir qu'avant que les régicides de France fussent en guerre avec la Prusse, un ambassadeur

---

ont suivi ses drapeaux, coopéré aux mesures frénétiques, aux funestes manœuvres de son dernier gouvernement, sont coupables aux yeux du Roi. Leur *conscience seule*, et non la *crainte du danger*, leur a fait trahir un serment que rien ne pouvait annuler. Ce même Roi qui sut pardonner une première fois, doit déployer aujourd'hui la sévérité la plus exemplaire. Déjà les coupables sont punis. Espérons que le territoire de la France, ne sera bientôt plus souillé de la présence de traîtres et de farouches conspirateurs.

français, M. de S...r, allant à la cour de Berin, fut surpris, disant à Strasbourg au milieu d'une conversation, qu'il serait aisé de tuer e roi de Prusse, s'il s'opposait aux mouvemens révolutionnaires de la France. M. de S...r ne pourrait repousser cette inculpation; il a été accusé d'avoir tenu ce discours par le comte de Schulemburg, alors ministre prussien pour les affaires étrangères.

Sa Majesté l'Empereur d'Autriche, au temps même où il était en paix avec les régicides de la France, découvrit un ambassadeur (Bern....te) qui venait de la part du Directoire avec le dessein de bouleverser son empire.

Le Roi de Naples, en 1791, fut forcé d'admettre à sa cour un simple grenadier (Belv...) qui lui fut député par l'amiral français commandant à Naples; et, parlant du Roi de Naples, ce gouvernement rebelle de France l'appelait *un fripon à diadême*.

Mais la conduite du gouvernement soi-disant républicain fut douce et modérée en comparaison de la politique adoptée et mise en usage par Napoléon Buonaparte, dont les titres, je suis forcé de l'avouer, ont été malheureusement reconnus par vous (1) et dont quelques actions ont paru avoir votre sanction (2). Je veux parler de sa conduite en Es-

---

(1) Dans son manifeste du 2 mai 1815, S. M. le roi d'Espagne a dit : « A l'aide de la séduction et de la force, il fut proclamé Empereur par le peuple Français : favorisé par ses succès militaires, il obtint d'être reconnu comme *Souverain* par les différens États de l'Europe, qui cependant n'avaient pas *le pouvoir d'altérer les principes éternels de la justice*, et qui pouvaient encore moins méconnaître l'obligation de soutenir ces principes pour ne pas aventurer l'indépendance et la conservation de leurs sujets, premier objet de l'attention de tous les gouvernemens.

(2) M. Goldsmith pousse un peu trop loin ses réflexions. L'application des principes touchant la légitimité ou la non légitimité des Souverains, eu égard aux autres nations, n'est pas très-juste ici ; et je suis loin de penser comme lui, que diverses cours de l'Europe n'aient pu tacitement ou même ouvertement sanctionner différens actes de Buonaparte. Je ne parlerai point de l'intérêt que tel cabinet en particulier pouvait trouver à ce qu'une guerre injuste se fît chez une puissance voisine. Mais en principe, les offices d'humanité sont des secours, des devoirs auxquels les hommes sont obligés les uns envers les autres pour se conserver, pour être heureux : les nations ne

pagne, à Naples, en Hollande, à Hesse-Cassel; car toutes les cours de l'Europe, j'en

---

sont pas moins soumises à ces lois naturelles que les particuliers; ce qu'un homme doit aux autres hommes, une nation le doit, à sa manière, aux autres nations. Il en résulte que l'irrésistible puissance de l'usurpateur a pu seule les empêcher de remplir un devoir sacré entre nations. La conduite des Souverains alliés *pourrait* être encore justifiée d'après les considérations suivantes. Lorsqu'un injuste conquérant ou tout autre usurpateur, a envahi le royaume, dès que les peuples se sont soumis à lui, et, par un hommage volontaire, l'ont reconnu pour leur Souverain, il est en possession de l'empire. C'est aussi l'opinion de Burlamaqui. En effet, si l'usurpateur gouverne avec modération et équité, il suffit qu'il ait régné quelque temps, pour donner lieu de croire que le peuple s'accommode de sa domination, et pour effacer ce qu'il y avait de vicieux dans la manière dont il l'avait acquise : c'est ce qu'on peut fort bien appliquer au règne d'Auguste. Je demande si les princes Jérôme, et Louis sur-tout, ne jouirent pas paisiblement, au moins pendant quelque temps, de leur usurpation ? Les autres nations n'ont aucun droit de s'ingérer dans les affaires domestiques de celle-ci, de se mêler de son gouvernement, de prendre connaissance de l'administration de ce Souverain, de s'ériger en juges de sa conduite, et de

excepte celle de St.-James (1) avaient un ambassadeur (2) aux cours de Joseph, Murat,

---

l'obliger à y rien changer.... S'il accable ses sujets d'impôts, s'il les traite durement, c'est l'affaire de la nation. nulle autre n'est appelée à le redresser (L. 2, ch. 4, Vatt.); elles peuvent donc traiter de la paix avec l'usurpateur, et conclure avec lui. Par-là, elles ne blessent point le droit du Souverain légitime : ce n'est point à elles d'*examiner ce droit et d'en juger;* elles le laissent pour ce qu'il est. (L. 4, ch. 2.)

(1) « Vous m'avez envoyé des Ambassadeurs comme Souverain, dit Buonaparte en s'adressant aux Anglais; vous m'avez reconnu comme Premier Consul. »

M. Goldsmith ne dit rien de cette adhésion, de la part de l'Angleterre, au consulat et à la dictature de Buonaparte. La Cour de Saint-James a eu généralement, depuis la révolution, et sur-tout depuis l'élévation de Buonaparte, un systême de politique à part.

(2) Si, comme je viens de le dire, des nations peuvent traiter de la paix avec un usurpateur, elles peuvent conséquemment recevoir ses Ambassadeurs et lui envoyer les leurs : car, je le répète, des étrangers ne sont pas en droit de se mêler des affaires domestiques d'un peuple; ils ne sont pas en droit d'examiner et d'approfondir sa conduite dans ces mêmes affaires, pour en peser la justice ou l'injustice. Charles, duc de Sudermanie,

Jérôme et Louis. Les gouvernemens, aussi bien que les particuliers sont, avec les intentions

---

s'était fait couronner roi de Suède au préjudice de Sigismond, roi de Pologne, son neveu; il fut bientôt reconnu par la plupart des Souverains. Il y a mieux, lorsque des puissances étrangères ont admis les ministres d'un usurpateur, et lui ont envoyé les leurs, le prince légitime, venant à remonter sur le trône, ne peut se plaindre de ces démarches comme d'une injure. (L. 4, ch. 5.) Les Souverains alliés ont très-bien pu avoir des ambassadeurs aux cours de Joseph, etc., etc., puisqu'ils avaient pu, d'une part, dans ce cas prévu par Puffendorf, où l'*usurpateur serait fort puissant*, naturellement et dans le for extérieur, ne pas intervenir dans les guerres qui ont entraîné l'usurpation de ces divers trônes, et que, d'un autre côté, ils ne devaient pas se mêler d'examiner, ayant conservé leur neutralité, à quel titre ces princes étaient devenus maîtres de leurs couronnes. Au reste, ce principe a des bornes. Par exemple, si un prince, attaquant les lois fondamentales, donne à son peuple un juste sujet de lui résister; si la tyrannie soulève la nation; toute nation étrangère est en droit de *secourir un peuple opprimé, d'épouser la querelle du roi dépouillé*, qu'ils trouvent juste; comme elle a la liberté, quand deux peuples différens sont en guerre, d'assister celui qui lui paraît le mieux fondé. Eh! c'est la seconde coalition que forment ces mêmes puissances de l'Europe pour replacer les Bour-

les plus pures, quelquefois entraînés à des actions qu'ils croient justes au moment de les faire, mais dont ils se repentent ensuite lorsque la réflexion et l'expérience sont venues à leur secours. Si les gouvernemens peuvent commettre des fautes, il en est de même des hommes : *errare humanum est.* Mais ce n'est pas ici le moment de rappeler les erreurs passées. Nous avons devant nos yeux la perspective la plus riante ; il nous faut profiter de cette occasion que nous offre la bonté de la Providence, de montrer à tout l'univers que les crimes ne restent jamais impunis. Un simple brigand, un assassin meurt sur l'échafaud ; on ne fait aucune condition, on ne transige point avec lui (1). Les pirates sont aussi considérés

---

bons sur le trône, et pour nous délivrer du joug oppresseur de Buonaparte !......... De tels services sont assez essentiels au repos de l'univers pour que nous ne nous permettions pas de rechercher les motifs de leur conduite passée.

(1) Buonaparte n'a-t-il pas eu dernièrement l'impudence de dire aux Anglais : « J'avais l'intention de m'établir en Angleterre...., à trente lieues de la mer ; qu'on

comme les ennemis communs de toutes les nations. Eh! pourquoi donc alors épargnerait-on le chef d'un Empire dont la conduite ressemble plus à la conduite d'un chef de pirates qu'à celle du souverain d'une nation civilisée? Il est, je me plais à le croire, suffisamment démontré aux illustres personnages à qui j'ai l'honneur de m'adresser, ainsi qu'au peuple français, que la conduite de Buonaparte a été telle que je l'annonce.

Si je considère la manière d'agir de Buo-

---

me donne un commissaire, je veux me faire naturaliser ici. Je sais bien qu'il faut plusieurs années de résidence pour y parvenir; mais je prouverai par ma conduite que *je suis digne de devenir Anglais*; et alors je donnerai *peut-être* ma parole de ne me plus mêler d'affaires politiques. Si les Anglais ne veulent pas me recevoir, *j'irai chez mon beau père ou chez Alexandre.*» (*Courrier de Londres.*) Cependant il avait dit précédemment à l'amiral Keith: «Je me suis livré moi-même aux Anglais; je n'aurais pas voulu en agir ainsi avec aucune autre des Puissances alliées. En me livrant à l'une d'elles, j'aurais été sujet aux caprices et à la volonté d'un individu; en me soumettant à l'Angleterre, je me place moi-même à la merci de la nation.» (*Morn. Chron.*)

naparte vis-à-vis des divers Cabinets de l'Europe, vis-à-vis des individus résidans en pays étrangers ou bien des sujets de ces gouvernemens, elle est toujours la même, c'est-à-dire, toujours arbitraire, tyrannique et en opposition avec les lois de la nature, de l'honneur et de la divinité.

Les limites de cette Adresse ne sauraient me permettre d'entrer dans les détails de sa conduite en Espagne, en Portugal, à Hesse-Cassel, en Hollande, vis-à-vis du Pape, des villes Anséatiques, de la Suisse, de l'Italie. Puis-je parler convenablement de l'arrestation qu'il fit faire sur un territoire neutre d'un ambassadeur anglais (1); du vol qu'il ordonna des

---

(1) La personne des ministres chargés d'ambassade doit être sacrée et inviolable chez tous les peuples. Khaled venant à l'armée d'Héraclius, offensa un général qui lui dit « que la loi reçue chez toutes les nations, met« tant les ambassadeurs à couvert de toutes violences, « c'était apparemment ce qui l'avait enhardi à lui par« ler d'une manière si indécente. » St.-Louis étant à Acre, donna un exemple bien remarquable de cette sûreté qui est due aux ministres. Un ambassadeur du *vieux de la Montagne* lui parlait avec insolence. Le général,

dépêches d'un messager de l'Angleterre pareillement sur un territoire neutre; de l'arres-

---

maître du Temple, dit à cet homme que « Sans le res- « pect de son caractère, il le ferait jetter à la mer. » *St.-Louis* le renvoya sans vouloir qu'il lui fût fait aucun mal. Quiconque fait violence à un ambassadeur, ne fait pas seulement injure au Souverain que ce ministre représente, il blesse la sûrcté commune, le salut des nations; il se rend coupable d'un crime atroce envers tous les peuples. Louis XIV, pour tirer vengeance de l'outrage que son ambassadeur le duc de Créquy avait reçu dans Rome en 1661, par le meurtre commis sur un de ses sujets, s'empara du comtat d'Avignon. Après la prise de Dantzick, par les Russes, l'ambassadeur de France auprès de la Pologne fut fait prisonnier de guerre dans cette place, malgré l'inviolabilité de son caractère, parce qu'il s'agissait de la couronne du royaume, déférée par le vœu de la majorité à Stanislas, beau père de Louis XV. Le gouvernement Français, pour tirer vengeance de l'outrage qu'on lui avait fait dans la personne de son ambassadeur, se ligua avec l'Espagne et la Sardaigne. L'empereur Charles VI perdit la Lorraine, les deux Siciles, et presque toute l'Italie.

Un grand Empire d'Orient fut détruit par Gengiskan pour venger la mort d'un de ses ambassadeurs. Kanson, dernier sultan des Mamelucks, perdit son royaume, fut fait prisonnier, et enfin pendu, pour avoir égale-

tation du duc d'Enghuien, de son assassinat (1), du meurtre du libraire Palm, et toujours en violant la neutralité du territoire où ces infortunés se trouvaient. Rappelerai-je le massacre des pauvres habitans de Moskow, de Brémen, d'Hambourg, d'Oldenbourg, l'assassinat d'un

---

ment tué les ambassadeurs de Sélim. L'histoire profane est remplie de guerres entreprises pour venger le violement des ambassadeurs. David déclara la guerre aux Ammonites; et Cicéron ne trouve pas de cause plus juste que celle des Romains contre Mithridate.

Enfin point de peuples, barbares même, chez qui le caractère d'un ambassadeur ne soit respecté. Les Espagnols trouvèrent le droit des ambassadeurs établi et respecté au Mexique. Il l'est chez les sauvages de l'Amérique septentrionale, à la Chine, aux Indes, même chez les Arabes.... Et un souverain d'Europe se permet, à la face de tous les peuples, une violation aussi horrible du droit des gens, du droit le plus sacré!

(1) L'infortuné prince de Bourbon n'avait-il pas acquis le droit d'immoler l'assassin de son fils à ses mânes encore fumantes? L'effusion du sang précieux d'un Bourbon, n'aura donc servi qu'à revêtir de la pourpre impériale celui dont la tête devrait être aujourd'hui vouée à l'échaffaud, dans quelque lieu de la terre qu'il se réfugie?

prisonnier de guerre anglais, le capitaine Wright; les efforts qu'il fit, durant la paix, pour susciter une révolte dans la Pologne qui faisait alors partie des états de Russie, d'Autriche et de Prusse, et bien plus, ses tentatives pour changer les dynasties présentes de la Prusse et de l'Autriche? Dirai-je qu'il corrompit les ministres et agens d'administration des puissances qui lui étaient favorables, qu'il séduisit jusqu'à des maîtres de poste, jusqu'à leurs commis même dans presque tous les bureaux de poste de l'Allemagne et de la Russie, à dessein de s'emparer de la correspondance de ces Gouvernemens? Ajouterai-je encore qu'il ne laissa jamais aucun Etat jouir de sa neutralité; qu'en général il fit la guerre aux Puissances qui, non-seulement ne l'avaient jamais provoqué, mais au contraire qui étaient ses alliées? Une telle conduite ne peut assurément pas donner à Buonaparte le droit de prétendre à être traité en Souverain, et il est clair que telle autorité qui voudrait agir ainsi, soit qu'elle émanât de Buonaparte ou de tout autre gouvernement, devrait être anéantie : j'en viens maintenant à citer mes autorités :

« Toute nation, comme tout homme, dit Vattel, L. II, c. 4, a donc le droit de ne point souffrir qu'une autre porte atteinte à sa conservation, à sa perfection, à celle de ses Etats, c'est-à-dire, de se garantir de toute lésion, et ce droit est parfait, puisqu'il est donné pour satisfaire à une obligation naturelle et indispensable : lorsqu'on ne peut user de contrainte pour faire respecter son droit, l'effet en est très-incertain. C'est ce droit de se garantir de toute lésion que l'on appelle *droit de sûreté*.

» Le plus sûr est de prévoir le mal quand on le peut : mais quand le mal est fait, ce même droit de sûreté autorise l'offensé à poursuivre une réparation complète et à y employer la force, s'il est nécessaire.

» Enfin l'offensé est en droit de pourvoir à sa sûreté pour l'avenir, de punir l'agresseur en lui infligeant une peine capable de le détourner dans la suite de pareils attentats, et d'intimider ceux qui seraient tentés de l'imiter. Il peut même, suivant le besoin, mettre l'agresseur hors d'état de nuire. Il use de son droit dans toutes ces mesures qu'il prend avec raison, et s'il en résulte du mal pour celui qui l'a mis dans la nécessité d'agir ainsi, celui-ci ne peut en accuser que sa propre injustice. »

Ce que l'auteur applique dans le paragraphe suivant à une nation est également applicable à un individu, ainsi qu'il résulte évidemment du texte :

« Si donc il était quelque part une nation inquiète et malfaisante, toujours prête à nuire aux autres, à les traverser, à leur susciter des troubles domestiques, il n'est pas douteux que toutes ne fussent en droit de se joindre pour la réprimer, pour la châtier et même pour la mettre à jamais hors d'état de nuire : tels sont les justes fruits de la politique que Machiavel loue dans César de Borgia : celle que suivait Philippe II roi d'Espagne était toute propre à réunir l'Europe entière contre lui, et c'était avec raison qu'Henri-le-Grand avait formé le dessein d'abaisser une puissance formidable par ses forces et pernicieuse par ses maximes. »

Dans le Liv. II, c. 15, il établit de la manière suivante le droit des nations contre celui qui viole la foi des traités :

« Ainsi que toutes les nations sont intéressées à maintenir la foi des traités et à la faire envisager partout comme sacrée et inviolable, elles sont de même en droit de se réunir pour réprimer celui qui témoigne la mépriser, qui s'en joue ouvertement, qui la viole et la foule aux pieds; c'est un ennemi public qui sape les fondemens du repos des peuples, de leur sûreté commune; mais il faut prendre garde de ne pas étendre cette maxime au préjudice de la liberté et de l'indépendance qui appartient à toutes les nations. Quand un Souverain rompt ses traités, refuse de les remplir, cela ne veut pas dire tout de suite qu'il les regarde comme de vains noms et qu'il en méprise la foi; il peut avoir de bonnes raisons pour se croire dégagé de ses engagemens, et les autres Souverains ne sont pas en droit de le juger. C'est celui qui manque à ses engagemens sous des prétextes évidemment frivoles, ou qui ne se met pas seulement en peine d'alléguer des prétextes, de colorer sa conduite et de couvrir sa mauvaise foi; c'est un tel souverain qui mérite d'être traité comme l'ennemi du genre-humain ».

Je me suis rangé moi-même aux opinions

de Vattel, étant considéré comme la dernière et meilleure autorité, embrassant les doctrines de Grotius, de Puffendorf, etc.

Buonaparte ou ses prédécesseurs dans la révolution, ont-ils agi de manière à avoir des droits à être reçus au nombre des souverains légitimes du continent? Si l'on souffre que Buonaparte existe, et s'il n'est pas puni pour ses crimes, qui peut répondre désormais qu'aucun autre brigand, se donnant comme lui le titre de souverain, n'abusera et ne détrônera pas des monarques, et n'agira pas enfin de la même manière que celui-ci a fait? Non! toute la population de l'Europe demande à grands cris son châtiment (1), et l'intérêt de la légiti-

---

(1) Les amis du Roi avaient lieu d'espérer que Buonaparte serait enfin traité comme un rebelle ; qu'il recevrait solennellement le châtiment réservé à tous ses forfaits. « L'Europe indignée s'avance pour l'anéantir » nous a dit Sa Majesté dans sa proclamation du 3 avril. « Les puissances (ajoute-t-elle dans son manifeste du 24, daté de Gand) réunies au congrès de Vienne ont signé, le 25 du même mois, un traité par lequel, avant tout, elles se sont engagées à ne connaître d'en-

mité des princes l'exige. Cependant il ne doit pas être inféré de ce que je viens de dire que j'aie l'intention de demander le secret assassinat de Buonaparte.

Non, je demande qu'il soit traduit devant un tribunal, qu'il puisse y être jugé pour ses

---

nemi que celui-là seul qu'elles ont déclaré l'ennemi du monde, qu'elles ont placé *hors des lois civiles et sociales*, et *livré à la vindicte publique.* « Que pouvait-on dire de plus pour rassurer l'Europe alarmée sur le sort inévitable de Buonaparte, soit qu'il fut saisi sur le champ de bataille, qu'il cherchât à prendre pour la sixième fois la fuite, et qu'il se rendît enfin ? On ne peut se persuader qu'il soit épargné, qu'il conserve une existence qui appartient aux mânes irrités de plus de dix millions de ses victimes, lorsque des perfides tels que les N,.. les L... re, les S...., les D....., et tant d'autres, sont poursuivis et jugés militairement pour avoir trahi leurs sermens, le Roi et la patrie. Ils ne furent cependant que les complices d'un plus grand coupable : c'est l'éclat de son nom, ce sont ses fallacieuses promesses et l'intérêt de sa cause qui les plongèrent dans l'abîme. Et Buonaparte vivrait !!! Montesquieu nous a dit : « *Quand la clémence a des dangers, ces dangers sont très-visibles.* » Bien grande vérité qu'une première expérience aurait dû nous faire déjà reconnaître.

crimes (1); que chaque cabinet envoie deux personnes ayant sous tous les rapports qualité à cet effet, versées dans la connaissance des lois des nations, de l'histoire, de la diplomatie, pour y assister comme juges; que cette cour soit appelée *le grand Tribunal Européen;* qu'ensuite il soit publié, à la face de toute l'Europe, que les principes dans lesquels Buonaparte a agi ne doivent pas être tolérés par la famille des Souverains de l'Europe, et que quiconque se conduira de la même manière

(1) M. Goldsmith n'est pas le seul Anglais qui demande qu'il soit fait un exemple terrible de Buonaparte. Dans beaucoup de journaux, l'opinion se prononce fortement contre lui. « Si la vie de cet homme abominable (*Star*) doit être conservée, il est indispensable qu'il soit privé de tous les moyens d'exciter de nouveaux orages, et de s'échapper du lieu de sa retraite pour troubler la paix du monde. Quant à nous, notre opinion est qu'un pareil homme ne sera jamais mis absolument hors d'état de faire du mal tant qu'on le laissera vivre sur la face de la terre. » Il n'a déjà que trop bien prouvé la vérité de cette pensée d'un de nos plus célèbres révolutionnaires : Il n'y a que les morts qui ne reviennent pas. »

sera traité comme un perturbateur de la paix des peuples et de la tranquillité de l'univers.

Le siècle dernier n'a pas offert un semblable exemple d'atrocité (1), de soif de sang (2), de

---

(1) « Je puis dire que ce n'est pas seulement une cruauté, mais un naturel de bête farouche, de n'avoir du plaisir que pour le carnage. Nous pouvons appeler cela un renversement d'esprit ou de folie; car il il y en a de plusieurs sortes, dont aucune n'est plus visible que celle qui porte au meurtre et à la boucherie des hommes. » (*Sénéque, de Clém. ch. 7.*)

(2) L'humanité se révolte contre un souverain qui prodigue le sang de ses plus fidèles sujets, sans nécessité; qui expose son peuple aux calamités de la guerre, lorsqu'il le pourrait faire jouir d'une paix glorieuse: Que si à l'imprudence, au manque d'amour pour son peuple, il joint l'injustice envers ceux qu'il attaque, de quelle effroyable suite de crimes ne se rend-il pas coupable? Coupable envers l'ennemi qu'il attaque, qu'il opprime, qu'il massacre sans sujet; coupable envers son peuple qu'il entraîne dans l'injustice, que la guerre accable, dont il expose la vie, les biens, la santé: le sang versé, la désolation des familles, les rapines, la violence, les ravages, les incendies; voilà ses crimes. On ne tue pas un homme, on ne brûle pas une chaumière dont il ne soit responsable devant Dieu et comptable à l'humanité.... Et Buonaparte existe ! !

violation de tous les nœuds, de toutes les lois qui attachent homme à homme, nation à nation; de crimes que le plus vil des malfaiteurs puisse imaginer, et de bassesses, déshonorant même l'échafaud, dont ce monstre d'iniquité ne se soit souillé (1).

« Porter la guerre chez ses voisins, dit St. Augustin, opprimer les peuples qui ne nous font aucun mal, et cela par le seul désir de régner, qu'est-ce autre chose qu'un glorieux brigandage? »

(1) Aussi la plupart des aboyeurs sont-ils des hommes souillés de tous les crimes, ou des malheureux de la lie du peuple, excités par les récompenses de quelques individus qui ont jusqu'alors échappé à la surveillance de la police. Je vais le prouver. Qui de nous ne se rappelle la dernière exclamation de l'affreux assassin Lamotte? « *Vive l'Empereur?* » (Buonaparte ne fut pas toujours réduit à s'entendre louer par de tels monstres.) Qui ne se rappelle aussi que, lors de son entrée à Lyon, l'affreuse canaille qui l'entourait, aux cris de vive l'Empereur, ajoutait ceux de *à bas Dieu! vive l'enfer?* Je ne connais pas d'exclamation plus épouvantable, après toutefois ce célèbre *vive la mort* des jacobins de 1793, que, depuis trois ou quatre ans, je me rappelais involontairement toutes les fois que j'entendais crier *vive l'Empereur*. Un troisième fait prouvera combien les

Charles XII fut blâmé d'avoir mis Patkul à mort; encore ne s'en empara-t-il pas de force: Auguste fut assez faible pour le livrer à Charles qui était considéré et avec raison comme un maniaque (1). Le grand Frédéric fut aussi blâmé d'avoir fait arrêter sur un territoire neutre, à Dantzick, le baron de Trenck, qui cependant était prussien et accusé d'avoir trahi sa patrie. Voilà ce que les philosophes et

---

criailleries de quelques honnêtes fédérés sont désintéressées : Un fort de la Halle est surpris criant *vive l'Empereur* sur un des quais de la capitale... On l'arrête : cet homme était ivre. Il dit donc naïvement : « Que voulez-vous? on me donne quatre francs par jour pour crier *vive l'Empereur*, il est juste que.... » Le pauvre diable !... Les monstres qui prodiguent l'or pour faire répandre ces cris séditieux sont, à mes yeux, mille fois plus coupables que ces misérables qui servent d'instrument à leur rage impuissante, et que la misère égare.

(1) Sans doute Auguste eut la faiblesse de consentir à livrer Patkul à Charles XII, quoiqu'il donnât secrètement l'ordre de le laisser échapper; mais Charles XII, n'écoutant que la vengeance, oubliant le titre sacré d'ambassadeur du Czar, dont Patkul était revêtu, le privilège d'indépendance accordé à tout Livonien, livra cet infor-

les réformateurs appelaient le despotisme des souverains légitimes de l'Europe pendant le dernier siècle. Mais depuis Moskow jusqu'à Lisbonne, de Mémel à Madrid; qui pourrait calculer toutes les calamités occasionnées par les goûts sanguinaires de Buonaparte, de ce monstre à figure humaine? Et un tel être se sauverait avec impunité! S'il en était ainsi, les autres monstres qui pourraient ressembler à Buonaparte (ce que je ne crois guères possible) en concluraient que Buonaparte ne s'est perdu seulement que par trop d'opiniâtreté et pour avoir poussé les choses trop loin. Ses actes n'ont pas été méconnus; la Russie, la Prusse, l'Autriche n'ont-elles pas fait des traités d'alliance avec lui? n'ont-elles pas sanctionné ses usurpations en Espagne, en Hollande, en envoyant des ambassadeurs aux

---

tuné au supplice le plus long, le plus affreux qu'on puisse imaginer, sous prétexte que Patkul avait été traître à la patrie. Toute l'Europe condamna cette cruauté. M. Goldsmith n'aurait pas dû prudemment rappeler le souvenir de Charles XII, qui n'a que trop souvent servi de modèle à Buonaparte.

usurpateurs qui furent placés à la tête du gouvernement de ces royaumes? n'ont-elles pas avoué elles-mêmes avoir été forcées de s'engager dans des guerres excitées par lui seul (1)?

De telles impressions doivent être détruites, et ce qu'on peut faire de mieux, en amenant Buonaparte devant un tribunal compétent, c'est d'établir une doctrine nouvelle qui puisse mettre un frein à des actes aussi atroces, et qui serve en même temps d'exemple pour le châtiment de pareils souverains.

Il entre dans mon plan de faire appeler en témoignage les personnes suivantes, après

---

(1) Je pense avoir prouvé déjà que les puissances alliées avaient pu avoir le droit d'agir ainsi qu'elles ont fait, sans qu'il fût sérieusement permis de leur reprocher leur conduite. Je dis plus; l'alliance extraordinaire qui seule a pu prêter un caractère de souveraineté à la puissance de Buonaparte, dont le souvenir funeste protége encore secrètement le Corse contre le juste ressentiment des monarques qu'il outragea; cette alliance, dis-je, fut elle même involontaire, forcée et consentie au prix du sang et d'un Royaume..... Marie-Louise ne s'est-elle pas offerte en sacrifice pour le repos de son père et de ses sujets?

toutefois leur avoir donné une promesse de pardon (1); savoir : MM. Mu...t (2), Cha...y,

---

(1) Je disais naguères qu'on ne devait pas prendre trop à la lettre le pardon que M. Goldsmith croit devoir être accordé généralement aux individus qu'il propose de faire comparaître devant son grand tribunal; nous serions, ajoutais-je, bien à plaindre, s'ils pouvaient conserver encore l'espérance et le pouvoir de nous nuire, d'abuser de la clémence du roi. La leçon qu'ils nous ont donnée est trop forte, l'expérience corrige. Il paraîtrait arrêté par les puissances alliées, que les personnes comprises dans le décret du roi, du 24 juillet, seront saisies et renfermées si elles sont trouvées en pays étrangers; elles ont le choix ou d'être renfermées en prison, ou bien, livrées aux autorités françaises. Les personnes qui, par le décret du roi, sont condamnées au bannissement ou qui désirent de quitter la France, et sont pourvues de passeports, seront admises en Autriche, en Russie, en Prusse, sous la condition de ne quitter jamais les lieux qui seront assignés pour leur résidence; mais ces gens ne pourront, sous quelque prétexte que ce soit, vivre dans les petits Etats d'Allemagne, dans les Pays-Bas, en Suisse. — Si nous voyons encore des G.. r-du-B..., des M ..n et tant d'autres, à Bruxelles, il est certain que d'après les mesures de la majorité des cantons Suisses, ce pays n'offrira d'asyle à aucuns Français connus pour avoir manifesté des opinions politiques,

Ma...t (1), Ca.....t. , S...y, B.....r, Lan...ve, R..l, Hu...n (2), Du...v, Mi.t, P..t de la L...e, Des...t, B..ne, M...l, secrétaire particulier de Buonaparte ; les concierges du château de

---

contraires à la maison des Bourbons. — Quant à la célèbre loi d'amnistie, nouveau témoignage de la bonté de sa majesté, je me contenterai de rapporter ce qu'un journal espagnol disait le 18 octobre dernier, en parlant du roi d'Espagne. « Le roi est sérieusement occupé de la restauration des finances. Des décrets » ont paru concernant cette partie essentielle de l'ad- « ministration. Sa majesté prend connaissance de toute » la dette nationale, et s'efforce de la garantir. Au » milieu des fonds assignés à cet effet, nous remarquons » *le produit des séquestres et confiscations faites ou à* » *faire, des propriétés appartenant aux traîtres.* »

(2) Tous les journaux ont retenti du bruit de son juste châtiment, châtiment à jamais mémorable, qui ne devra jamais s'effacer de notre mémoire. Malheur à qui tenterait désormais de l'imiter.

(1) Un journal anglais disait dernièrement qu'il avait obtenu la permission de résider en Autriche.

(2) Arrêté dans le Bugey, transporté depuis à Lons-le-Saulnier, de-là à Paris, il a été renvoyé à Lorme où il doit rester en surveillance jusqu'à ce que les chambres ayent décidé, (disait-on tout récemment,) sur le sort des individus compris dans l'ordonnance du 24 juillet.

Vincennes, des prisons de Bicêtre, de la Force, aussi bien que ceux des individus qui étaient ambassadeurs auprès des cours étrangères. Par exemple, MM. O..o, R...d, B...n, La...t, Se..le, A.... de la Roch... ; les généraux An...i, Hen..le, (1), et Be...s, ambassadeur à Madrid en 1808, ainsi que Vict..r Hu..s, dernier gouverneur de Cayenne. Tous furent ses complices ; mais il n'est pas douteux que, pour se sauver d'une fin ignominieuse, ils déclareront tout ce qu'ils savent ; les autres personnages qu'on aurait à appeler en témoignage, seraient Em...l G...y, prince de la P.. ; les ministres de la police et des relations extérieures des différens États de l'Europe. Certainement les papiers des archives, qui auront été saisis à Paris dans les bureaux du gouvernement, seront le meilleur guide pour aider à découvrir les personnes qui seraient dans le cas d'être appelées devant ce grand tribunal.

D'après la connaissance profonde que j'ai

---

(1) Qui ne se rappelle la fin misérable et bien méritée de cet individu ; il est à peu près mort comme He... . t à la place de l'Hôtel-de-Ville.

des intrigues de Buonaparte dans les pays étrangers, je m'offre aussi moi-même en qualité de témoin. Je suis dans le cas, non pas seulement d'articuler des faits, mais encore de donner des preuves écrites; et ce que j'ai à dire peut être confirmé, non-seulement par des témoins français, mais encore par des témoins prussiens et autrichiens. Tout ce que je demande, c'est un sauf-conduit durant le temps de ma résidence dans le lieu où le tribunal en question tiendra ses séances. Quant aux conséquences qui résulteraient pour moi d'une telle démarche, je les brave. On peut avoir des reproches à me faire, mais les personnes de bonne foi reconnaîtront que mes fautes furent de beaucoup atténuées par ma position et les circonstances où je me trouvais placé.

Ce plan, que je prends la liberté de soumettre à vos Majestés impériales et royales, est entièrement neuf; une telle procédure n'a jamais encore eu lieu : mais aussi faut-il se rappeler qu'on n'avait jamais vu jusqu'alors un être comme Napoléon, qui ait entrepris tout ce qu'il a fait, en prenant un titre de Souverain. Je ne connais pas de meilleur moyen que celui que je propose pour donner de la publicité aux horreurs qui ont été commises par cet homme dans tous les pays de l'Europe. S'il est reconnu coupable, qu'il soit traité comme un misérable qui a causé plus de maux à l'humanité qu'aucun autre scélérat dont la Providence se soit servi pour accabler l'espèce humaine.

Caligula et Domitien furent cruels, mais leur cruauté était bornée à Rome seulement. Les provinces éloignées, sous la domination romaine, ne se ressentaient pas même de la tyrannie de ces monstres; mais les cruautés de Buonaparte se sont étendues jusque sur les sujets de ces mêmes états qui étaient en paix avec lui, et trop faibles pour résister à sa tyrannie. Si vos Majestés daignent adopter mon plan, ce sera le moyen le plus assuré de prévenir une semblable conduite pour l'avenir, en même temps que vos Majestés auront une occasion de condamner ainsi publiquement toutes usurpations (1) qui, sans une telle manière d'agir,

(1) On assure que, par un article secret, les Souverains coalisés se sont garantis mutuellement la possession de leurs trônes et la propriété de leurs peuples,

peuvent en raison de vos dernières alliances, paraître avoir reçu votre sanction.

Dès qu'une fois le jugement du tyran aura été prononcé, que le Souverain légitime de France soit proclamé! Cette mesure seule peut servir de leçon aux gens mal intentionnés des provinces, et mettre un terme à leurs projets de réforme et de révolution. Il faut que tous les germes de rébellion et de régicide soient détruits; c'est le seul moyen d'assurer le repos de l'Europe et la sûreté de vos trônes respectifs.

J'ai l'honneur de me dire,

De vos Majestés Impériales et Royales,

Le dévoué et l'humble serviteur,

Lewis GOLDSMITH.

---

qu'ils sont formellement convenus que toute nation qui, sous le prétexte de souveraineté du peuple, essaierait de changer son gouvernement, se serait déclaré hors la loi, et que tous les souverains mettraient à l'instant un millions d'hommes en campagne pour châtier la nation rebelle qui voudrait résister à ses maîtres légitimes. Tous les individus convaincus d'avoir pris part à la révolte seront conduit en Sibérie.

PROCLAMATION ANGLAISE.

BUONAPARTE.

« Récompense de mille livres sterlings.

ATTENDU qu'on n'a pas encore essayé de mettre à exécution la loi pour le châtiment du meurtre commis sur les personnes des sujets anglais hors des domaines du Roi, dans le cas du capitaine de vaisseau Wright, par la raison que l'auteur de ce meurtre, le seigneur Napoléon Buonaparte, était hors des atteintes de la loi d'Angleterre, d'abord, en étant placé dans une position qui lui permettait, sous le nom et l'apparence d'Empereur des Français, d'agir en dépit de toutes les lois humaines et divines; en second lieu, parce qu'il lui avait été permis de vivre dans l'exil, d'après un traité fait entre les Souverains alliés, traité en vertu duquel il aurait dû mener une vie paisible qui lui eût peut-être mérité, de-la part de l'univers offensé, quelqu'indulgence et l'oubli de ses crimes, attendu que, loin de-là, ce brigand devenu parjure, lève le masque, qu'il rompt lui-même les engagemens qu'il avait pris envers les Souverains alliés, et s'avance pour se replacer, comme il se l'imagine, sur ce même trône qu'il occupait auparavant en France, mais qui n'est plus, au fond, qu'une place destinée au fragile instrument qui, dans les mains de certains conspirateurs connus sous le nom de *Jacobins*, devait servir à détruire le gouvernement, la paix et toutes les bases de l'ordre social; il nous paraît, d'après l'aperçu de ce changement de circonstances, infiniment convenable et nécessaire d'appeler toute l'attention du peuple de ce Royaume sur la part qu'il doit prendre aux démarches et aux mesures des gens qui veulent aujourd'hui voir Buonaparte traduit en justice pour les différens crimes qu'il a commis dans chacune des parties de l'Europe.

Nous voyons que les Souverains alliés, après avoir examiné la conduite de ce perturbateur public, l'ont, conformément aux lois des nations, regardé unanimement comme un criminel, et que, pour mettre à exécution contre lui cette sentence de jurisprudence politique, ils ont publié une déclaration pleine de sagesse et de fermeté, démontrant son crime jusqu'à l'évidence et exposant le jugement qu'ils ont porté sur lui. Cette déclaration ressemble, aux yeux du public, à un acte de proscription qui n'attend plus que son exécution pour donner son effet à la sentence de justice politique déjà prononcée. Quelle sera la nature de cette exécution? c'est ce que nous ignorons.

Dans cet état de choses, il se présente une occasion favorable, et en même temps une sorte d'obligation, pour les Anglais qui ont coutume de méditer la loi de leur pays en ce qui regarde la possession de tout ce qu'ils ont et le recouvrement ou la revendication de toutes les choses qu'ils perdent; il est, dis-je, une obligation pour eux d'émettre formellement le droit qu'ils ont en justice dans leur propre territoire. Nous avons spécialement, contre Buonaparte, une accusation d'assassinat au nombre des crimes nombreux dont il s'est souillé soit chez nous, soit ailleurs; nous pouvons, en vertu de la loi commune, le poursuivre pour ce crime dans une cour ordinaire de justice. Un jury peut lui faire son procès. Il peut être convaincu de crime, on peut prononcer sa sentence et la mettre à exécution au vieux bailly baillage, comme on fait pour le brigand le plus vil et le plus faible. Dans le cours ordinaire de la procédure légale, tout peut être entamé et achevé par le ministère des officiers civils de justice. Quel triomphe pour l'inviolabilité de la loi, pour la justice municipale! Quel témoignage éclatant que l'anarchie et le fanatisme révolutionnaire sont détruits, que l'ordre social et le gouvernement ont reconquis leur souveraineté! Quelle gloire pour cette heureuse terre de justice et de liberté!!!

Pénétré de ces considérations, nous publions cette proclamation; nous usons en outre de la liberté qui appartient à tout Anglais de contribuer de tout notre pouvoir à livrer aux mains de la justice ce fameux criminel. Pour y parvenir, nous offrons donc une récompense de mille livres sterlings à quiconque se saisira de la personne du seigneur Napoléon Buonaparte, l'amènera dans ce royaume, le tiendra en lieu de sûreté jusqu'à ce qu'il comparaisse en justice lorsque le cours de la loi, dans le cas ci-dessus, l'aura atteint.

Nous nous en reposons sur le conseil privé de Sa Majesté, pour procéder contre lui quand il sera pris et détenu conformément aux dispositions du *statut* 33, *Henri VIII, chap.* 23, *et statut* 43, *Georges III.* Il sera présenté au conseil privé des témoignages suffisans pour autoriser à une poursuite.

N. B. La récompense sera payée sur la preuve de l'arrestation faite à la satisfaction d'un magistrat dans quelque partie du royaume que ce soit.

Réflexion de M. Goldsmith.

La précédente proclamation parut d'abord dans l'*Anti-Gallican* du 9 avril 1815, et fut ensuite affichée dans les différens quartiers de Londres. Si le grand criminel était amené dans ce pays, je ne fais aucun doute que le gentilhomme qui a fait cette proclamation, dont je connais le caractère infiniment respectable, ne paie la récompense promise sur la simple demande qui lui sera faite.

DOCUMENS CURIEUX

PUBLIÉS EN ANGLETERRE.

LORS DE LA DÉPORTATION DE BUONAPARTE.

No. Ier

La rédition de Napoléon Buonaparte, annoncé dans les journaux, m'engage à ne poursuivre que bien plus vivement le cours des idées que j'avais commencé à développer dans ma précédente lettre (1). Il paraît que cet homme, certain d'être pris, soit sur les côtes de France par des Français, ou en mer par nos croisières, regarda comme la mesure la plus prudente et la plus politique sa reddition au capitaine de la frégate britannique. La question

(1) Cette lettre renfermant des idées générales sur la situation de l'Europe n'a que des rapports indirects avec le procès qui nous occupe.

qui se présente soudain à lesprit de chacun doit être celle-ci : Qu'en fera-t-on ? Après tous les crimes qu'il a commis, souffrira-t-on qu'il reste sans punition ; ou de quelle manière doit-on en faire justice ?

Peut-être, Monsieur, qu'avant que cette lettre ne puisse vous parvenir, plusieurs des suppositions qu'elle renferme, deviendront inutiles par un nouvel état de choses que je ne connaîtrais pas ; je suis cependant fort aise de vous communiquer les diverses impressions que la première nouvelle de la reddition de Buonaparte a fait naître dans mon esprit, et qu'elle fera sans doute naître dans celui de la majorité de vos lecteurs.

Voici les premières questions que je me suis faites. Notre Gouvernement sera-t-il libre de disposer comme bon lui semblera de son prisonnier, ou bien existera-t-il à ce sujet quelques stipulations expresses avec les autres puissances alliées ? Il faut, avant toute chose, que l'honneur national soit exempte de reproche : ainsi donc, ces stipulations devront être naturellement observées, toutefois en reservant aux deux chambres du Parlement le droit de faire une enquête rigoureuse sur la nécessité et la légalité d'un semblable pacte, s'il en existe un, dans le but de rendre les auteurs responsables. Je ne parle point ainsi dans la supposition que les ministres pussent avoir l'idée de ne point obéir aux loix de la justice, mais parce que je sais que quelques-uns de nos alliés professent des idées si extraordinaires d'une prétendue générosité, que je ne serais pas étonné que, dans un moment si malheureusement favorable aux révoltes, on eût adopté des mesures tendant à sauver la vie du rébelle. J'aurais cru cependant du devoir de tout homme prudent, de résister à de pareilles propositions, et je ne puis m'empêcher de penser que nous serons toujours malheureux, que la cause de la justice sera toujours mortellement blessée, tant que Napoléon Buonaparte ne sera pas solennellement traduit en justice, et que son jugement n'aura pas été mis publiquement à exécution.

Le celèbre Burke a observé avec autant de justesse que de philosophie que nos idées sont susceptibles d'être subjuguées par le crime, lorsqu'il se présente à nos yeux sous des proportions gigantesques. Napoléon Buonaparte a eu tant de moyens de faire le mal, il a usé de son pouvoir démesuré avec un tel oubli des lois divines et humaines, du moins en défiant leur vengeance avec tant d'impudence, que nous en sommes presque réduits à douter du témoignage de notre propre conscience, à penser qu'il possède quelques principes secrets au moyen desquels il pourrait justifier sa conduite. Mais il n'existe point dieu-merci de tels principes. Dans le cœur de l'homme, dans les lois de toute société humaine, dans les écritures saintes, on puisera des lumières qui prouvent dans le dernier degré de conviction, que les actions de cet homme sont de la dernière noirceur, et qu'elles ne sauraient être susceptibles de la plus petite justification. Douter d'une telle vérité serait introduire un scepticisme devant lequel s'écroulerait tout l'édifice de la société. De quel crime alors, soit public, soit particulier, ne serait-il pas possible d'éluder le châtiment, avec des excuses bien plus plausibles que celles que Buonaparte peut alléguer en sa faveur? Quelle punition deviendra juste désormais, si ce devient une cruauté de le condamner à mort? Pour satifaire sa folle vanité, son insatiable ambition, il a, pendant une longue suite d'années, couvert l'Europe d'un déluge de sang. Il est calculé que chaque minute de son règne a coûté l'existence d'un être quelconque; il a désolé les plus belles contrées de la terre; porté non-seulement la terreur et l'épouvante dans les châteaux et les palais, mais il a couvert encore pour jamais de deuil les moindres chaumières, et laissé des traces effroyables de sa marche jusque dans la solitude des montagnes. Il s'est fait un jeu des lois et des traités; les institutions civiles et religieuses ont été l'objet constant de son dédain et de son mépris. Par-tout il s'est déclaré l'oppresseur de l'homme honnète et consciencieux, par-tout il a élevé, récompensé le traître, le perfide et l'apostat; il est devenu dans tous les pays l'idole de cette dernière classe d'hommes, le centre de toutes leurs espérances. Ils ont profité de ses succès pour abaisser insolemment leurs concitoyens, insulter ceux qui voulaient mettre des bornes à leur frénésie; *au milieu de ses défaites, ils entretinrent des idées de vengeance;* dans son châtiment, ils reconnaitront que la ruine de leur perfide cause est enfin consommée.

Quelques hypocrites et peut-être même quelques idiots déclameront contre la cruauté qu'il y a de persécuter ainsi un ennemi tombé. Je vais rapporter un fait qui est venu à ma connoissance : En Amérique, un officier anglais placé avec son détachement dans un poste avancé, fut attaqué par un corps d'Américains; il les repoussa, les mit en fuite, et fit plusieurs prisonniers : tandis qu'il prenait les mesures nécessaires pour les faire transporter à la plus prochaine destination, un de ces Américains tire soudain une arme et essaie de l'en frapper; son bras est heureusement arrêté par un soldat qui aurait sur-le-champ sacrifié ce traître, si l'officier ne l'en eût empêché. Eh! qui le croirait! malgré tant de générosité, ce malheureux, profitant de la première occasion, fit une nouvelle tentative pour tuer son libérateur; l'officier l'aurait sauvé de nouveau, mais d'une voix unanime, tous les soldats s'écrièrent : « Non, capitaine, plus de pardon », et ils taillèrent ce féroce assassin en pièces. Sans doute on doit respecter un ennemi généreux, dans le malheur, il n'est point de chances de la guerre, telles heureuses quelles soyent, qui puissent légitimer le plus petit orgueil, la moindre insolence; mais ce serait une véritable imbécillité que de vouloir faire l'application de ces principes sacrés, en faveur des voleurs et des *assassins*. Quant à moi, j'ai toujours considéré sous ce point de vue Napoléon Buonaparte; c'est ainsi que j'ai toujours parlé de lui, alors même que ses destins étaient les plus fortunés, les plus éclatans. Je ne trahirai donc point ma conscience aujourd'hui qu'il se trouve dans un état d'avilissement dans lequel il eût mérité depuis long-temps de se voir réduit. Je voudrais bien savoir si ceux qui professent tant de libéralité à l'égard de Buonapate, sont susceptibles d'une indulgence aussi grande vis-à-vis de ces criminels moins célèbres qui sont tous les jours convaincus au vieux bailliage *(old bailey)* des crimes dont il se sont rendus coupables. Si ces Messieurs pensent que tout crime doit rester impuni, leur enthousiasme est conséquent; s'ils sont d'avis au contraire que tout homme, quel qu'il soit, peut devenir l'objet d'une punition légale; ils trouveront difficilement quelque raison d'excepter Buonaparte de cette loi commune.

Mais supposons qu'il soit convenu qu'on mettra fin à l'existence d'un tel homme, il ne s'agira plus que de savoir par quelle autorité il devra être jugé; qui aura le droit de réclamer le châtiment qu'il mérite. Je ne craindrais pas d'affirmer que son Souverain, le Roi de France, aurait ce droit plus que tout autre, pour peu que nous fussions certains qu'il l'exerçât. Un exemple terrible.... voilà le but le plus important d'un semblable châtiment. Si nous étions assurés que dans cette capitale, qui fut trop long-temps le théâtre du triomphe et des crimes de Buonaparte, il pût être amené comme le plus vil malfaiteur destiné à une fin ignominieuse; que, conformément aux anciennes lois de France auxquelles il donna le vain nom de Code Napoléon (1), on pût procéder avec régularité à sa mise en ju-

---

(1) L'auteur de cette lettre est dans l'erreur en appliquant aux lois renfermées dans le code appelé jadis *Code Napoléon*, la compétence des délits qui intéressent les nations.

gement, à l'exécution de sa sentence; si nous étions assurés que, dans ce même lieu de la capitale où s'ouvrit sa carrière sanguinaire, où il fit tirer sur le peuple, où depuis il reçut tant de fois les applaudissemens salariés d'une vile populace, il terminât sa vie infâme; alors je dirais qu'un exemple aussi terrible ne serait perdu ni pour la génération présente ni pour la postérité. Sans doute, de tous les pays qui ont été victimes de la conduite atroce de cet homme, c'est encore la France qui a le plus souffert; elle a été réduite à un état de dégradation morale dont il n'y a point d'exemple; elle ne fut élevée à un dernier dégré d'une splendeur passagère et factice, que pour n'être plus ensuite qu'un objet de mépris et d'horreur pour toutes les nations (1). Il ne peut être mis en doute que le Roi de France ait le droit acquis de punir Buonaparte comme un rebelle: Buonaparte était sujet né de Louis XVI; il fut placé par le cours d'une affreuse révolution à la tête du pouvoir anarchique qui prit la place

---

(1) Un objet de mépris! tout un peuple est-il responsable du délire d'un seul homme?

d'un gouvernement réel. Avec le consentement tacite du Roi, il lui a été permis de se retirer dans un asile où son existence fut en sûreté, mais sous la condition de s'abstenir à jamais de violer la tranquillité publique. Il n'a pas rempli ses engagemens; il a déclaré lui-même son traité nul : il retombe donc sous la juridiction des lois de France, en conformité desquelles il fut déclaré, par le Roi, traître et rebelle; c'est dans cette position qu'il se trouve toujours placé aujourd'hui. Je dis donc qu'il devrait être livré au Roi, son Souverain, mais quand nous voyons un Roi si bon traiter avec indulgence une bande de traîtres qui ne le cèdent en crimes qu'à Buonaparte, comment penser que le but de la justice serait rempli, lorsque nous aurions une fois fait la remise de notre prisonnier? Peut-être même quelques-uns des alliés auraient-ils la générosité de se joindre d'intention au petit nombre de Français qui voudraient soustraire à son châtiment le criminel le plus monstrueux dont fassent mention les annales de l'histoire. Peut-être ferait-on un nouveau pacte avec le crime! Peut-être un nouveau traité de Fontainebleau placerait-il le champion du jacobinisme encore une fois à la tête de ces soldats qui, des bords de la Loire, osaient dicter naguère des conditions à leur Souverain, et se répandre en menaces contre l'Europe entière! Cela ne doit point être; et quoi qu'en puissent dire quelques esprits bornés, *le peuple anglais est, dès aujourd'hui, comptable envers les siècles à venir du sort d'un homme dont l'existence est le plus grand opprobre de l'histoire moderne.* Nous nous devons à nous-mêmes, à notre postérité, à la mémoire de dix mille de nos guerriers sacrifiés à l'ambition de ce monstre; nous nous devons, dis-je, de ne livrer Buonaparte qu'aux mains de la justice. Il me semble qu'il est peu de pays en Europe où la justice des lois ne condamnât Buonaparte à la mort. Là où un individu se trouve par le fait dans la situation d'un Souverain, quoiqu'il n'ait pas été universellement reconnu comme tel, il n'est pas juste de le rendre personnellement responsable des infractions faites aux lois publiques; mais là où il prend sur lui-même de diriger l'accomplissement d'un grand crime, il pèche contre le vœu de la nature, la loi de

Dieu; c'est un crime pour lequel il ne peut espérer de justification, et qui doit partout être expié par la perte de la vie. Comme Caïn, il dira : « Il peut se faire que quiconque me » verra, soit autorisé à me tuer ». Non sans doute dans un premier mouvement ou par suite d'un complot inconsidéré, mais avec toutes les solennités de la loi. Il est inutile de rappeler toutes les circonstances où Buonaparte s'est audacieusement rendu coupable de meurtres; par un meurtre, j'entends la mise à mort d'un individu qui n'est justifiée par les termes d'aucune loi connue. Telle a été l'exécution des douze habitans de Moskow, celle de Palm, le libraire, en Allemagne, le secret assassinat du capitaine Wright et du général Toussaint : un des crimes de cette nature, commis au milieu des mers, se rapporte à la définition générale de piraterie, et l'auteur est désigné comme l'ennemi du genre humain, *hostis humani generis*. Sur le continent, un crime semblable n'est pas seulement du ressort des lois municipales du pays où il a été commis, mais comme on le consomme presque toujours en s'autorisant des lois de la guerre, résulte que, dans les autres pays, les tribuaux qui suivent ces lois de la guerre acquièent le droit de le juger avec la dernière riueur. N'ayant point à décider si Buonaparte eut être ou non jugé d'après les formes des ois ordinaires pour le fait du meurtre du caitaine Wright, je pense qu'il peut être, en aison de ce crime, traduit devant une Cour Martiale : et j'ajoute que *la faiblesse la plus méprisable peut seule empêcher la nation anglaise de tirer vengeance de l'assassinat d'un de ses braves officiers*. Qu'on soutienne que la preuve de ce crime n'est pas concluante contre Buonaparte, je répondrai que les faits de toute notoriété fournissent une preuve circonstanciée beaucoup plus forte qu'aucune de celles sur lesquelles la moitié des assassins jugés en Angleterre sont condamnés. Ils sont tels, que le grand jury ne pourrait, dans tous les cas, refuser de se prononcer. Eh! pourquoi donc craindrions-nous de faire le procès de ce grand criminel, comme nous ferions celui d'un autre? Notre conviction intime a, depuis nombre d'années, imputé ce crime à notre prisonnier; jamais personne n'a eu l'impudence de faire croire qu'il doutât de sa culpabilité; j'excepte toutefois cet homme qui se permit dernièrement, au milieu d'une assemblée séditieuse, d'assurer qu'il espérait justifier Buonaparte de cette accusation. Si cet individu peut émettre des moyens à décharge pour l'acquittement du prisonnier, laissons-lui le mérite d'une si belle défense; mais, dans tous les cas, mettons Buonaparte en jugement.

Si cependant les différentes puissances de l'Europe, par des motifs politiques qu'il ne nous est pas permis de pénétrer, répugnaient à faire justice du plus grand des scélérats, il est un lieu où je désirerais vivement qu'ils l'envoyassent... Qu'on le transporte à Haïty; qu'on le mette à la disposition des compatriotes de Toussaint, et j'ose répondre que le sang de ce brave militaire ne criera pas long-temps vengeance.

Quel que soit le sort que l'on réserve à Buonaparte, j'aime à croire qu'il n'est peut-être aujourd'hui traité qu'avec cette horreur invincible que doit inspirer une longue vie couverte d'infamie; j'aime à croire qu'il est dans les fers, et surtout qu'un capitaine de vaisseau n'a pas eu la bassesse d'accepter de l'assassin d'un officier anglais, de son frère, *un portrait enrichi de diamans*. Rien de plus fatal que cette humble déférence accordée au crime audacieux ; c'est à cette malheureuse influence que nous devons attribuer toute la puissance et la scélératesse de Buonaparte.

N°. II.

Je considère la question de savoir ce qu'on fera de Buonaparte comme d'une importance si grande, sous le rapport moral, que je ne puis résister au désir de vous écrire encore. Ce n'est pas sans un chagrin extrême que je crois m'apercevoir que le crime, porté à l'excès, ne produit plus dans l'esprit de quelques hommes qu'une espèce d'admiration. En séparant un grand coupable de la classe commune des criminels, on l'investit en quelque sorte d'un caractère sacré ; il devient l'égal d'un prince du sang royal, et comme Buonaparte l'a dit lui-même, *une tête sacrée*. *Les lois, les souverains, les gouvernemens craignent de porter atteinte à sa personne;* ils parodient d'une étrange manière cette observation d'un poëte, « qu'il est une divinité qui protége les traîtres; » mais ils oublient les devoirs qu'ils ont à remplir envers Dieu, envers les hommes; ils oublient qu'il est dit dans l'Écriture : « Ce n'est point en vain que les magistrats portent le glaive. » Ils oublient, dis-je, que tandis qu'ils font briller aux yeux des plus petits criminels le glaive redoutable de la justice, ils laissent échapper ceux qui sont le plus souillés de forfaits; c'est bouleverser toutes les idées morales, c'est abuser de la confiance accordée à leur ministère; c'est se rendre, en un mot, responsable de tous les malheurs *que peut produire la crainte apparente d'une grossière partialité.* Je soutiens que si Buonaparte n'est point solennellement condamné à la mort, le colonel Despard a été assassiné; qu'il en a été de même de ce prétendu amiral Parcker, chef de révoltés; qu'enfin toutes les exécutions qui ont eu lieu en Angleterre ou dans les autres pays, pour causes de trahison et de rébellion, furent des assassinats : il n'a jamais existé en effet de rebelle plus atroce qne Buonaparte.

Et l'on souffre que cet homme s'échappe encore pour la deuxième fois! *Si c'est une extravagance, un crime, une faiblesse méprisable de se refuser à le mettre entre les mains de la justice, c'est à l'Angleterre seule que l'on va tout imputer*, à cette Angleterre que le monstre a si outrageusement insultée, si malignement calomniée, et qu'après avoir prétendu anéantir avec tant de persévérance, il vient enfin flatter avec bassesse. Dès que le malheureux traité de Fontainebleau fut connu, que le peuple anglais eut appris, non sans indignation, qu'on avait laissé vivre Buonaparte, notre Gouvernement s'excusa sous le motif plausible que le traité avait été conclu par les alliés, en l'absence de notre ministre; d'ailleurs des milliers de personnes se persuadaient que Buonaparte ne chercherait pas à violer les conditions en vertu desquelles sa vie infâme avait été épargnée; d'autres gens présumaient qu'il n'en aurait pas le pouvoir. Mais aujourd'hui que nous l'avons vu, non-seulement ne pas remplir ces conditions, mais encore les annuler avec le dédain le plus audacieux, que nous l'avons vu ressaisir la couronne à l'aide de parjures et de trahisons inouïes; reparaître fièrement comme le chef et l'idole d'une troupe de rebelles, comblés pour la plupart de dignités, d'honneurs, de puissance; aujourd'hui que nous avons enfin racheté son crime au prix du sang des plus braves guerriers de nos armées, qu'une seule bataille a moissonnés...... C'est nous qui deviendrions ses protecteurs! Grands dieux! qui pourrait justifier cette horrible confusion d'idées! qui définirait cette conduite étrange!

Le monstre doit être conduit à Sainte-Hélène; il y sera gardé par un régiment anglais. Mais, *si nous n'avons pas le pouvoir de le pendre; je ne puis comprendre où sera le droit de mettre aucune entrave à la moindre de ses actions*. Viendra-t-on nous dire qu'il est prisonnier de guerre? Nous n'envoyons jamais nos prisonniers de guerre à Sainte-Hélène; nous n'avons point coutume de consacrer un régiment tout entier pour garder un seul homme. Serait-ce, par hasard, pour lui servir de garde d'honneur? Par la même raison que plusieurs de nos braves régimens déploient sur leurs étendards les nobles inscriptions de Waterloo, de Vittoria, de Salamanca, de Busaco, qu'elles portent les noms de régimens du Roi, du Prince, de la Reine, etc., peut-être leur donnera-t-on par la suite celui de favoris du Corse, ou bien verrons-nous leurs couleurs entrelacées de ce mot : *Ajaccio*. Si Buonaparte est prisonnier de guerre, sa détention doit cesser à la paix. Mais, comme de l'aveu général, ce n'est point sous ce titre qu'on le retient, il faut donc qu'il soit emprisonné pour un autre motif. Sa captivité ne peut être qu'une conséquence de quelque délit qu'il aurait commis; et nous pourrions conclure de là, que, pour peu qu'on se rappelle la vie de Buonaparte, on trouvera justement qu'elle l'expose à peu près au même châtiment que nos lois infligent aux malheureux débiteurs. Le voleur de l'Italie, l'empoisonneur de Jaffa, l'affreux sectateur de Mahomet, l'assassin des Wright, des d'Enghien, des Toussaint, des Palm, l'auteur des décrets de Berlin et Milan, le perfide dévastateur de l'Espagne, l'apôtre en tous lieux de la fraude, de la trahison, des rapines, des massacres; cet homme enfin dont les crimes défient et surpassent toute comparaison, va être traité comme s'il avait tout simplement mérité d'être remis à la garde du geolier du *King's Bench*! . .

Veut-on savoir quel effet la certitude de l'existence de Buonaparte produira sur tout ce qu'il y a d'esprits bien organisés dans les diverses parties de l'Europe? les gens pleins d'impartialité penseront, et avec raison, *que les Souverains alliés craignent d'attenter à la vie d'un homme qui a tant d'adhérens et d'admirateurs.* Cette circonstance accroîtra le nombre de ses partisans, et ajoutera encore à leur admiration. Si dans les fers, si du fond même de l'abîme où elle est plongée, leur idole commande le respect; si ceux qui osent professer une religion, cultiver la vertu, faire preuve de loyauté, sont forcés de s'humilier devant le souvenir éclatant de ses crimes, même quand leur règne est passé, hélas! que devront-ils donc faire alors qu'il reparaîtra de nouveau sur l'horison? . . époque affreuse après laquelle ses adhérens soupirent avec une sainte résignation, avec une croyance plus religieuse que l'Indien ne guette le premier rayon du jour, que l'astrologie lui prédit devoir être le plus heureux de sa vie. Au fait, il est juste d'avouer que la manière extraordinaire dont Buonaparte échappe deux fois aux mains de la justice, est bien faite pour donner quelque superstition à ces mêmes esprits éblouis déjà de l'éclat de sa réputation. Daniel brava la fureur des lions; les trois frères se promenaient dans une fournaise ardente, de même il se livre à ceux qu'il a le plus offensés; et notre folie, et notre lâcheté opèrera le grand œuvre de sa délivrance! Tant qu'il vivra, les traîtres et les rebelles ne cesseront d'agiter sourdement. On devra s'attendre sans cesse à sa fuite de Sainte-Hélène, à sa mise en liberté; à sa nouvelle apparition en France. Au lieu de le traiter comme un infâme criminel, on le considèrera comme un prince infortuné, séparé d'un peuple qui lui tend les bras et dont les vœux ne cessent de l'appeler. Lorsqu'enfin il brisera ses fers (ce qui arrivera tôt ou tard indubitablement) son retour ne sera que plus triomphant, son pouvoir plus consolidé que jamais.... Il doit être gardé par un régiment anglais, dit-on; mais le régiment entier n'est pas toujours de garde! S'imaginera-t-on qu'une sentinelle anglaise prise individuellement, ne puisse jamais être séduite ou trompée? Ne pourrait-on pas demander, s'il ne se rencontre pas dans l'armée anglaise de ces hommes faibles et irréfléchis qui admirent le crime audacieux et rayonnant? Parlons franchement, il est reconnu qu'un grand nombre d'officiers anglais sont admirateurs de la personne de Buonaparte ; la plupart de ces jeunes gens n'ont pas de meilleure lecture que le *Morningl-Chronicle*, la *revue d'Edimbourg* ou autres journaux de cette espèce, dans lesquels ce monstre est ordinairement qualifié de plus grand des héros, de premier capitaine du siècle. Il n'est pas étonnant que de semblables lectures égarent leur imagination, qu'elles confondent leur jugement, et soyons sûrs qu'aussi long-temps que Buonaparte vivra, cette peste funeste ne fera de jour en jour que des progrès plus effrayans.

On nous dit que Buonaparte s'est rendu sous condition. Eh! qui a donc osé faire ces conditions subversives des premières idées du droit des gens? Qui a osé compromettre l'honneur national en faisant non-seulement concourir l'Angleterre à l'impunité de crimes sans pareils dans les annales de laperversité humaine, mais même en l'en rendant en quelque sorte responsable? Je soutiens que rien ne peut légitimer un pacte aussi vil. *La nation doit le désavouer s'il a été fait.* Que Buonaparte soit replacé à bord d'une frégate, abandonné à son heureuse étoile qui le fasse échapper au blocus de nos escadres ou gagner le territoire français. D'après les rapports de Paris, il semble que nous avons été dupes de l'artifice de**** qui plaça des gardes le long de la côte, non pour arrêter le rebelle, mais . . . .

. . . .

Il semble que dans toute l'Europe la loyauté et la vertu soient destinées à protéger les noirs projets des assassins et des traîtres. *Le premier fruit de cette fatale association sera de mettre les Barabas de ce siècle à couvert du châtiment.*

N°. III.

La lettre qui a paru dans les papiers français, comme ayant été adressée par Napoléon

Buonaparte au prince régent d'Angleterre, est, dit-on, une copie parfaitement exacte de celle qui vient d'être réellement transmise à Son Altesse Royale; mais qu'elle soit originale ou non, elle ne doit être considérée que comme une espèce de manœuvre politique de sa part ou de celle de ses adhérens pour le soustraire au châtiment qu'il a si bien mérité. Buonaparte n'est qu'un rebelle; mais il est de son devoir et de celui de ses chers courtisans de le représenter comme un prince souverain; son existence ne lui appartient plus, il est de son devoir de la faire regarder comme inviolable. Ce n'est pas sans quelque surprise qu'on a vu ces principes établis d'abord dans un journal français; il entrait dans la politique de Buonaparte de faire croire en France qu'il s'était volontairement confié à la générosité du prince Régent. Les fines mouches avec lesquelles il s'était concerté à cet effet, n'attendaient sans doute pas que Son Altesse Royale fût assez dupe pour traiter Buonaparte comme le monarque de Perse traita Thémistocle; mais ils savaient qu'en prenant un ton aussi fier, ils en imposeraient au moins à la crédulité de leurs compatriotes, Les M..., les B....y et tous les autres gens en place qui ont si grossièrement insulté à la dignité de la Maison des Bourbons, peuvent continuer encore à parler avec respect de rebelles en armes; les D******, les V********* pourront se vanter de commander à l'estime de l'Europe. Rien ne sera changé dans la hiérarchie du crime; Buonaparte lui-même, au milieu de l'infortune, injustement exilé, est toujours là; toujours ses regards se portent sur sa chère France; il est, par la pensée, au milieu de ses sujets, *touchante image d'un héros qui vient s'asseoir lui-même avec une noble confiance sur les foyers de son plus puissant ennemi.* Toutes ces singeries sont d'une telle vérité, tellement surchargées du faux clinquant et des burlesques rodomontades de tous nos opéras, qu'il pourrait nous prendre envie d'éclater de rire en voyant les prétentions de ses misérables vagabonds qui voudraient pouvoir donner suite à leur absurde tragédie. Cependant il faut avouer que les gens dénués de bon sens se laissent prendre aux rodomontades de ces coupe-bourses (*pick-pockets*), qui déshonorent les noms de général et de maréchal. Sur les bords de la Loire, sans doute ils en pouvaient imposer à beaucoup d'esprits faibles par le style pompeux dans lequel ils parlent *d'adopter leur souverain et de lui accorder l'oubli de tout ce qui s'est passé.* J'ai vu, il y a peu de jours, le proscrit Corse, qualifié dans un journal anglais du titre d'illustre fugitif!!! Appliquons maintenant ce raisonnement faux et insignifiant aux faits qui se passent journellement sous nos yeux. Un valet ambitieux qui osera se parer du nom et de l'habit de son maître, est conduit au travers d'un étang et traîné à la queue d'une charette sans la moindre pitié, en raison de son effronterie, et c'est seulement à Newgate que Macheath, le voleur de grand chemin, obtint quelque égard à cause de son titre de capitaine. La conduite réelle de Buonaparte peut-elle légitimer son impudence d'écrire au prince Régent? Non sans doute, élevé aux frais de Louis XVI et par sa libéralité, toute sa vie a été celle d'un rebelle ingrat et d'un traître. Il a commencé sa carrière militaire en épousant la maîtresse d'un autre rebelle et en faisant feu dans Paris sur ses concitoyens. Comme général, il a toujours montré du talent sur le champ de bataille, quoiqu'au fond l'inconstance de ses succès ait depuis diminué beaucoup cette réputation ; d'ailleurs les talens militaires de Buonaparte ont toujours été voués à l'exécution des projets de l'iniquité la plus abominable. Une série de basses intrigues le conduisit enfin à cette usurpation du titre impérial, qui ne peut, quant à nous, puisque nous ne l'avons jamais reconnu, changer en aucune manière sa position vis-à-vis de l'Angleterre, nous ne devons le regarder que comme un aventurier qui, dans le cours de sa carrière, a violé à notre égard toute convenance, tout honneur, tout sentiment de justice et d'humanité. Dernièrement, il ne s'est occupé que des moyens de se replacer à la tête du royaume de France et des autres pays qui nous sont alliés, en violant les conditions en vertu desquelles sa vie avait été déjà épargnée. Par notre activité surtout, le parjure et la trahison ont été déjoués. Proclamé rebelle et mis hors la loi dans son propre pays, il s'adresse à nous pour demander protection ; ce serait faire insulte au sens commun que de demander si nous sommes engagés par sa démarche à le traiter plus favorablement que tout autre assassin qui se remet aux mains de la justice. Buonaparte a assassiné le capitaine Wright avec tous les raffinemens de la barbarie. Mais supposons que ce fût un autre homme qui eût commis ce crime, lui permettrait-on de se promener tranquillement dans les rues de Londres? Le crime a été commis en France, dit-on; cette circonstance seule le peut-elle justifier? Un homme a été dernièrement pendu pour un meurtre commis à Lisbonne. Si l'on osait prétendre que le crime était justifié par les lois de France, je démentirais une semblable assertion, en disant que les lois ne peuvent jamais autoriser le meurtre d'un prisonnier de guerre; si elles l'avaient pu dans cette hypothèse, elles le pourraient dans toute autre, et Buonaparte aurait eu non-seulement le droit de mettre mille de nos concitoyens à mort, mais encore il aurait pu les torturer comme il a fait du capitaine Wright. Le talion est un principe consacré par les lois de la guerre (1); le gouvernement

---

(1) Des historiens ont donné pour cause des meurtres sur la personne des prisonniers de guerre, *la loi du*

espagnol, en conséquence de cette loi, s'est conduit avec beaucoup de sagesse et de justice. Dira-t-on que nous avions le droit de venger, par la loi du talion, sur tout Français innocent, la mort du capitaine Wright, et que nous ne pouvons avoir un droit égal sur celui même qui a commis le crime! Peut-être cherchera-t-on à insinuer que Buonaparte est prisonnier de guerre, et comme tel, exempt de tout jugement; mais voici deux réponses à faire : d'abord, il n'est pas prisonnier de guerre, mais c'est un homme qui se livre à notre merci; mais en supposant qu'il fût prisonnier de guerre, ce titre ne ferait qu'ajouter à la justice de la rigoureuse application de cette loi, puisqu'il est vrai que le capitaine Wright était semblablement prisonnier quand il a été assassiné. Je m'appesantis sur le fait de ce crime, parce qu'il est fondé sur l'évidence; parce que c'est une injure éclatante sur l'atro-

talion; mais *la loi du talion*, véritablement appliquée ne peut s'exercer que sur la même personne qui s'est rendue coupable : Il arrive souvent dans la guerre que le châtiment tombe sur un innocent.

cité de laquelle l'esprit le plus borné ne peut admettre de doute; qu'enfin, dans mon opinion, il est de l'honneur de la nation d'en tirer vengeance. Toutefois, je ne prétends pas choisir ce crime comme l'un des plus grands de Buonaparte. Toute son histoire, depuis le premier moment qu'il a paru sur la scène du monde, n'a été qu'une épouvantable série de perfidie, de violence et d'attentats. Les gens qui défendent ici sa cause, pour couvrir l'énormité de son crime, nous assurent de sang-froid qu'il n'a fait strictement que ce que tout autre souverain aurait fait à sa place. Tous les souverains, ajoutent-ils, sont nécessairement des tyrans (1), et conséquemment tous les

(1) Quelle affreuse absurdité! Dans l'opinion même du cynique Alfieri, la définition de la tyrannie est plus conséquente, plus adoucie, plus limitée; on doit donner, (dit-il, chap. 2,) indistinctement le nom de tyrannie à toute espèce de gouvernement dans lequel celui qui est chargé de l'exécution des lois peut les faire, les détruire, les violer, les interpréter, les empêcher, les suspendre ou même seulement les éluder avec assurance d'impunité. Que ce violateur des lois soit héréditaire ou électif,

tyrans sont cruels, intéressés, perfides et sans principes; et donc ce tyran n'est pas pire que tous les autres : je nie cette conséquence. Jamais homme n'a été plus funeste à la génération; jamais homme n'a foulé aux pieds, avec autant d'impudeur, les droits des nations; jamais homme n'a plus érigé en systême la perfidie, la violence, l'immoralité et l'irréligion : mais la nécessité où se trouvent les tyrans de faire le mal, n'est pas du tout une preuve de la nécessité d'être tyran. Je ne pense pas qu'un fils de notaire d'Ajaccio puisse parvenir davantage à atténuer la culpabilité d'un meurtre, qu'un voleur de chevaux ou qu'un voleur de grand chemin; qu'il puisse en rejeter le blâme sur l'influence de son étoile (1). Il

---

usurpateur ou légitime, quiconque a une force effective capable de lui donner ce pouvoir, est *tyran* : tout peuple qui le souffre, est *esclave*.

(1) *Culpa erit Superis me fecisse nocentem.* Cette petite capitulation de conscience des anciens n'étant plus de mode aujourd'hui, la secte des illuminés ou des matérialistes ne saurait plus trouver d'idiots assez crédules pour excuser leurs crimes ou leur folie.

est vrai que par des motifs d'une sage politique, des monarques légalement reconnus comme tels, sont revêtus d'une inviolabilité personnelle; je ne crois pas nécessaire d'en discuter ici les bornes ou l'étendue. Les adhérens de Buonaparte auraient donc fait un grand pas, s'ils pouvaient obtenir des Souverains légitimes de l'Europe, qu'il fût admis à partager leurs mêmes priviléges; mais ce serait aussi, de la part des souverains, la politique la plus *suicide*; ce serait placer la trahison et l'usurpation sur le même rang que la bonne foi et l'hérédité; ce serait se dégrader que de se mettre au niveau de tout infâme conspirateur qui aurait assez d'audace pour aspirer à une couronne. Si Buonaparte avait été souverain légitime de France; qu'il se fût engagé dans une guerre juste avec le roi des Pays-Bas, alors peut-être sa connivence coupable avec les mécontens de cette contrée ne suffirait pas pour justifier la sévérité qu'on déploirait contre lui; mais la conspiration de la Belgique n'a été réellement qu'une dépendance de la conspiration qui a éclaté en France; toutes deux ont été projetées et conduites par un simple re-

belle, il peut tout aussi bien être mis en jugement qu'aucun autre espion étranger ou incendiaire, ainsi que ce Lamothe, par exemple, qui fut jugé et exécuté à Winchester dans la guerre d'Amérique. D'après ces considérations, on doit apprécier à sa juste valeur l'épître laconique dont Buonaparte *a favorisé* le prince Régent; si l'on était dans le cas de lui répondre, voilà, ce me semble, ce qu'il conviendrait de lui dire : « Vous avez été l'ins-
» trument d'un complot criminel, qui tendait
» à remplir de factions votre pays; vous avez
» perdu à jamais les droits que vous aviez à la
» clémence que vous ont témoignée les hautes
» puissances de l'Europe; non-seulement vo-
» tre carrière politique, mais votre carrière
» de crimes doit se terminer aujourd'hui; ce
» qui ne peut se faire qu'en mettant à exécu-
» tion le châtiment que vous avez mérité. Votre
» folie de vous comparer à Thémistocle est
» égale à votre impudence. Il n'est point un
» homme, encore moins un héros aussi illus-
» tre, qui ne puisse être humilié d'une com-
» paraison semblable à celle que vous avez
» faite. Vous n'avez plus de droit à l'hospita-

» lité d'une nation comme l'Angleterre, mais
» vous êtes devenu une victime vouée au
» glaive de la justice que nous pouvons faire
» tomber sur votre tête coupable ; vous aurez
» en vain lâchement flatté cette nation que
» vous outragiez naguères si cruellement; tant
» de bassesse ne vous sauvera pas du châti-
» ment.

» You shall have justice, more than you desire. »
La justice que l'on vous rendra passera vos espérances.

Telle est la réponse que je ferais à Buonaparte; quant au parjure L......, et tous ses associés, je les renverrais en France pour être mis aux galères, sans plus de cérémonie.

N°. IV.

La nouvelle se confirme qu'on ne permettra pas à Buonaparte de débarquer en Angleterre, qu'il sera envoyé à l'île Sainte-Hélène, je ne crois pas que Buonaparte puisse être regardé comme prisonnier de guerre : après avoir bien pesé toutes les considérations qui se rattachent à sa personne, les circonstances sur-tout qui ont accompagné son arrivée en ces lieux, je suis d'avis qu'il ne le peut pas.

Mais s'il était possible de le considérer comme prisonnier, pourquoi donc depuis deux siècles l'Angleterre n'a-t-elle pas été dans l'usage de traiter ainsi ses prisonniers ?

Pourrions-nous lui faire son procès ? Je ne vois pas en vertu de quel droit ou notre gouvernement, ou quelque autre cabinet, ou même toutes les puissances coalisées ensemble s'en attribueraient le pouvoir.

Pouvons-nous aussi, sans un jugement préalable, le condamner à mort ? cela serait encore plus barbare que de tuer un prisonnier qu'on vient de faire sur le champ de bataille (1).

---

(1) Anciennement le droit de la guerre autorisait le meurtre des prisonniers. Dans Sénèque, Pyrrhus parle ainsi, suivant l'usage reçu en ce temps-là :

Aux prisonniers de guerre aucun droit ne pardonne.

C'était aussi l'opinion de Sylla, qui dit :

Vous me pouviez tuer par le droit que Mars donne.

Aussi en usa-t-il ainsi que César.

Pouvons-nous, sans considération *pour l'honneur et la dignité personnelle d'un tel homme*, infiniment plus chère que la vie, exercer un semblable abus de pouvoir, le livrer à l'abandon et à l'esclavage dans l'île déserte la plus éloignée?

Avec l'intervention de l'amirauté, Buonaparte s'est mis à la merci du gouvernement anglais. Quoiqu'il ne soit pas naturel du pays, consideré comme particulier, il est sujet temporaire, et en cette qualité, il se trouve dans le cas du 31 *car.* 11 *act. habeas corpus* (1).

Ce droit terrible de la guerre s'étendait jusque sur ceux qui se rendaient eux-mêmes. Dans Homère, nous voyons ceux qui furent tués par Achille; dans Virgile, Magon et Turnus; enfin, ce fut presque de tout temps une coutume parmi les Romains de faire mourir le jour des triomphes le chef des ennemis, soit qu'ils l'eussent fait prisonnier ou qu'il se fût rendu..., ainsi que nous l'apprennent Cicéron (*Verr.*), Tite-Live (*l.* 28), Tacite (*Annibal*, 12.)

(1) La loi d'*habeas corpus* oblige à faire le procès à tout homme arrêté par ordre du gouvernement, ou pour avoir été accusé d'un crime, et qui lui assure des indemnités, si on juge que l'ordre d'emprisonnement a été donné sans motifs suffisans.

Notre deuxième grande charte dit que tout étranger, habitant l'Angleterre ou y résidant, sera envoyé prisonnier en Ecosse, ou en tout autre lieu au-delà des mers. (Ch. 13.) Tous les individus qui se trouvent dans l'enceinte du Royaume qui comprend les mers et les îles environnantes, sont considérés comme sujets temporaires s'ils sont étrangers, et sujets permanens s'ils sont naturels du pays.

Quoiqu'à proprement parler, Buonaparte ne soit pas sur le sol de la Grande-Bretagne, il est toute-fois sous l'égide de la loi britannique. S'il a été à Plymouth, il s'est trouvé au sein d'un comité anglais; si un *habeas corpus* est décidément publié, il faut qu'on s'y soumette, et je ne douterais pas que le capitaine du *Bellérophon* ne s'y conformât volontiers. Ce *writ* serait susceptible d'être publié, attendu l'ouverture des vacances, par le chancelier, le chef de la justice d'Angleterre, ou autres juges assemblés sans délais ou chez eux ou aux chambres, à l'effet de procéder à cette formalité. Que si toute communication avec le *Bellérophon*, qui mettrait Napoléon dans l'impossibilité de poursuivre l'application de la loi, est désormais interceptée, l'emprisonnement d'un individu qui se trouve sous le domaine des lois, de la constitution d'Angleterre, intéresse à-la-fois la dignité l'indépendance et les droits de tous les Anglais ; c'est une faute, c'est une infraction à ces mêmes lois protectrices, qui, n'étant faites qu'en faveur du peuple, doivent être interprétées avec la plus grande libéralité.

Je suis d'avis que la déportation, le transport ou l'exil ne peuvent légalement exister dans ce pays, si ce n'est dans les cas expressément prévus et ordonnés par la loi.

On ne s'attendra pas sans doute à voir citer un grand nombre d'autorités dans une hypothèse aussi particulière. Aucune n'est en vérité nécessaire, puisque cette hypothèse diffère essentiellement de toutes celles qui se présentent communément tous les jours, sur-tout en raison de l'importance du personnage qui en est l'objet.

Toutes ces considérations mises de côté, voici le fait : Buonaparte est venu de son propre mouvement, de sa propre volonté, à bord du *Bellérophon ;* le capitaine Maitland, comme il l'apprend, l'a reçu conformément à un ordre secret. Si Buonaparte est privé de toute communication, de toute correspondance ; s'il lui est défendu de mettre pied à terre, il faut que cela soit conformément à des ordres quelconques et pour un motif plausible. Le writ d'*habeas corpus* est le mode légal qui existe en faveur de quelque individu que ce soit pour être assuré si l'on dispose légalement ou illégalement de sa liberté ; et, en principe, est illégale toute atteinte à la liberté individuelle dont la justice n'est pas clairement démontrée.

Je ne connais aucune de nos lois qui puisse légitimer la conduite qu'on assure avoir déjà été tenue vis-à-vis de Buonaparte, et qu'on est disposé à tenir encore par la suite. J'aime à croire que nous n'en sommes pas encore venus au point que la volonté ou les vues secrètes des puissances étrangères deviennent une loi pour nous (1).

CAPEL LOFFT.

---

(1) Je n'ai pas besoin de faire remarquer à mes lecteurs que la liberté de la presse existe en Angleterre.

N°. V.

Après avoir, dans mes trois précédentes lettres, déduit quelques-uns des motifs péremptoires qui rendent à mon avis, le châtiment exemplaire de Buonaparte, non-seulement un *devoir moral*, mais *même un acte de politique nécessaire*, j'en reviens aux premières idées sur lesquelles j'avais d'abord appelé votre attention, je veux dire au systême de gouvernement qu'il convient d'adopter en France pour sauver ce pays et donner la tranquillité à l'Europe.

Après l'expérience de vingt-six années de malheurs, est-il un seul homme de bon sens qui puisse nier que nous ne soyons tous parties bien intéressées dans cette question ; il est absurde de prétendre qu'on ne devrait pas se mêler des choses pour lesquelles on se sent vivement porté d'intérêt. Les progrès de la civilisation ont si étroitement lié les Nations de l'Europe, que peu de grands changemens ne peuvent survenir chez l'une d'entr'elles, sans donner aux Nations voisines quelques droits d'intervention. La révolution française ne fut point une convulsion purement nationale; elle a, sans doute, pris son nom en France, parce que c'est de là qu'elle s'étendit comme d'un foyer; ce fut là le principal théâtre de ses opérations, le centre de toutes ces ramifications qui, d'abord enveloppant l'Europe, se sont ensuite étendues jusqu'au continent de l'Asie, et enfin au-delà même des extrémités de l'hémisphère occidental : mais cette révolution fut de fait la révolution d'une société civilisée; révolution *qui avait son côté brillant*, qui a rendu quelques services essentiels à l'humanité, mais dont les inconvéniens ont infiniment surpassé les avantages, grâce à la perversité extraordinaire des hommes qui ont pris les rênes du gouvernement.... La révolution a pris depuis le caractère d'une classe de monstres, la honte et le fléau de leur espèce; d'athées qui en appelaient indifféremment à la Bible où à l'Alcoran; de philanthropes qui frappaient sans remords leurs concitoyens de mille coups de poignard; d'hommes d'honneur qui ne se distinguaient que par la lâche multiplicité de leurs parjures ; d'hommes libéraux, zélés sectateurs de tous les vices; d'hommes d'état dont la politique consistait dans l'abnégation de toute vertu. Malheureusement ce n'est point là une amplification de rhétorique, mais une esquisse encore froide et imparfaite de quelques personnages dont la majorité vit encore dans l'état : ce sont là ces hommes que j'appelai précédemment une méchante faction. C'est le jacobinisme dont Buonaparte a été et sera toujours pendant sa vie le favori et le champion. C'est contre de tels êtres, contre un tel systême que la saine partie de l'Europe, l'Angleterre à sa tête, a combattu si long-temps et grâces soient rendues au Tout-Puissant, ce n'est donc point en vain. Les mécréans ont été renversés : leur chef le plus insensé est entre nos mains. Eh bien, quoique complètement terrassés sur le champ de bataille, ils imaginent cependant toujours nous assaillir par leurs menées insidieuses et sourdes.

C'est contre de telles manœuvres que toutes les Nations de l'Europe doivent éveiller l'attention des Souverains alliés. Empereurs et

Rois, méfiez-vous de la trahison qui s'insinue près de vous sous l'apparence d'un humble appel à la magnanimité; méfiez-vous de ces lâches parasites dont les poignards cachés sont aiguisés déjà pour récompenser une clémence irréfléchie. Vos vœux ne tendent qu'au bonheur de vos peuples, à la sûreté de vos trônes, méfiez-vous donc!

On a douté que les puissances étrangères aient eu quelque part à la première restauration du Roi de France, mais un tel doute ne peut plus exister à l'égard de la seconde; *Elle a été pleinement et décidément l'acte des alliés et particulièrement de l'Angleterre; nous avons placé le monarque sur son trône; nous l'y avons placé sagement, justement, nécessairement; non pour son avantage privé et personnel, non pas exclusivement pour le nôtre; mais en général pour le bien de l'Europe, et sur-tout pour celui de la France, du véritable honneur, de la prospérité de laquelle nous nous sommes montrés les plus ardens protecteurs.* Jusqu'ici, depuis qu'il a pris pour la première fois les rênes du gouvernement, le Prince Régent (sauf une condescendance blâmable à la faiblesse de nos alliés dans le misérable traité de Fontainebleau), a déployé une politique ferme et conséquente, et pour tout dire enfin, véritablement anglaise : il serait vraiment déplorable que l'énergie de notre Souverain et les efforts pénibles de nos concitoyens eussent été réduits au court triomphe d'un jour de fête; et c'est ce qui arriverait, si nous n'avions fait qu'acheter pour le Roi de France un règne de quelques mois, d'une année ou peut-être de deux, et, ce qui est pis encore, si nous n'avions élevé son trône que pour opérer notre propre destruction et renverser un système sacré que nous avons cimenté de notre sang; il nous importe, en conséquence, d'être assurés qu'en croyant établir une monarchie légitime, nous ne rétablissons pas un gouvernement jacobin. Nous avons travaillé, nous avons répandu notre sang pour la sûreté des siècles futurs, pour nos enfans et leur postérité; afin de les préserver des contagions de la perfidie, des malheurs inséparables de la tyrannie; afin qu'ils puissent vivre en paix dans un pays heureux et libre, respecter les lois, faire le bien et honorer la royauté. Craignons de ne nous rendre nous-mêmes que les dissipateurs insensés de notre sang et de nos trésors; craignons que notre gloire ne devienne plus un jour qu'un héritage vain et stérile. — La France, conduite par cette faction que j'ai signalée, a rempli l'Europe de désolation et de terreur; elle a failli même éteindre le feu solitaire et sacré de la liberté qui ne brûlait plus que sur le dernier autel de l'Occident (1). Les mêmes causes ont toujours produit les mêmes effets : il y a plus, *l'ennemi* peut employer avec impunité des moyens de corruption funestes. Je vois deux manières de nous mettre en garde contre le retour de tous les maux que nous avons essuyés : nous pouvons affaiblir la France, comme Nation, ou détruire la puissance de ces hommes pervers, de ses principes destructeurs qui rendent l'influence de la France véritablement alarmante. Dans l'opinion de la majorité des politiques, les ex-

(1) » And has gone near to extinguish the solitar » flame of freedom which *burnt* on the last altar of the » west. » Notre Anglais prétend parler ici de l'Angleterre : je n'entrerai dans aucune discussion sur la véritable liberté dont jouit le peuple anglais.

pédiens les plus courts sont les meilleurs ; et le parti d'exercer une sévérité qui frappe sur tous est plus simple d'abord que celui de faire des distinctions dans le but d'opérer des amendemens et des réformes. Comparons néanmoins ces deux systêmes ; chacun d'eux serait d'abord préférable à cette faiblesse qui laisserait aux ennemis de l'ordre social et la volonté et le pouvoir de subjuguer encore le monde ; mais, sans nous embarrasser de l'état intérieur de la France, si nous ne nous occupions qu'à diminuer sa force physique : un plan semblable serait totalement infructueux, à moins que nous ne déployassions une rigueur inconnue à l'histoire moderne : même aujourd'hui *l'incorrigible vagabond que nous tenons entre nos mains* parle du rétablissement futur de sa dynastie, des brigands enrégimentés, qu'on honore du titre d'armée, menacent de marcher de nouveau sur Berlin, de dévaster une fois encore les provinces de la Prusse : si nous prêtons quelque but, quelque fondement à tant d'extravagances, il est facile de s'apercevoir de quels efforts désespérés ces hommes seront capables pour satisfaire leur ambition et leur vengeance. De cette hypothèse, ne peut-on pas déduire les plus terribles conséquences? Mais en circonscrivant le territoire de la France dans les limites les plus étroites, en démantelant toutes ses forteresses et ses arsenaux maritimes, en saisissant ses flottes, en retenant la possession de ses colonies, en lui imposant un tribut lourd et permanent, en lui défendant enfin de lever aucune force armée, si ce n'est pour maintenir sa police intérieure; de pareilles mesures, supposant même qu'elles pussent être mises à exécution, (ce qui est plus que douteux) de pareilles mesures, dis-je, auraient l'effet *d'effacer la France de la liste des États de l'Europe;* elles créeraient une espèce d'Ilotisme national dans le monde civilisé, et détruiraient entièrement cette balance de pouvoirs qui est la meilleure sauve-garde de la civilisation; au total, elles laisseraient subsister les semences de nouvelles convulsions; les *jacobins français* (1), désireux de reconquérir leur première supériorité, oseraient renou-

---

(1) Cette épithète de français donne très-clairement à entendre qu'il existe en Angleterre autant et peut-être même plus de jacobins qu'en France.

veler toutes leurs anciennes saturnales ; ils se prêteraient encore une fois aux menées affreuses de quelque tyran étranger, tandis que le désespoir et le sentiment d'une profonde injustice réuniraient sous la même bannière tout ce qui resterait de force en France, c'est-à-dire, les révolutionnaires et les buonapartistes, les vendéens et les royalistes.

D'un autre côté, je ne prétends pas dissimuler les difficultés qu'on peut rencontrer dans la mise à exécution du système d'une amélioration plutôt morale, que d'un affaiblissement physique de la France : je crains que Buonaparte, en élevant un cri sauvage contre la noblesse et le clergé, en convertissant tous les journaux en autant d'organes du jacobinisme ; en envoyant ses anciens régicides en mission dans les départemens avec un pouvoir souverain, en formant des confédérations armées de la plus vile populace, en les encourageant même au pillage et à l'incendie de toutes les propriétés des royalistes, n'ait que trop bien réussi à ramener l'exécrable esprit des jours de Robespierre. Ce misérable ne se fût-il souillé d'aucun autre crime, il mériterait pour cela seul, de souffrir mille morts. Il est d'ailleurs à craindre que si les tentatives d'anarchie étaient, dans quelqu'autre contrée de l'Europe, renouvelées avec autant d'impunité et de confiance aux yeux de la plus ignorante et de la plus violente classe du peuple, elles ne fussent enfin couronnées d'un succès plus déplorable. Qui pourra répondre que sous de tels auspices la rebellion ne lèvera pas bientôt une tête triomphante dans l'Angleterre même ? Assurément, si nous eussions, après quelques mois d'un misérable délire, réussi à rétablir la souveraineté des lois, nous ne prendrions pas le langage que l'on tient aujourd'hui en France, celui de ne point causer de réaction, de bannir l'esprit de parti, d'ensevelir sous un commun oubli, et les héroïques sacrifices des sujets fidèles et les infâmes atrocités des rebelles. Non, non, nous commencerions par désarmer les traîtres; *nous les arrêterions sans délai; nous mettrions en jugement et punirions d'une manière exemplaire les chefs de conspiration civils et militaires;* nous marquerions d'infamie et de déshonneur, nous éloignerions de tout emploi, ceux qui ont soutenu, encouragé les complots des rebelles, ou qui y ont adhéré : quant à la masse du peuple qui n'a toujours été, en pareille circonstance, qu'égarée, l'indulgence et la douceur doivent être exercées envers elle, même individuellement. Oui, mais il ne faut pas permettre à cette partie d'un peuple abusé, de regarder avec une sorte de respect et d'admiration des hommes qui l'ont criminellement plongée dans l'erreur : aussi voudrais-je que la classe des grands coupables dont je viens de parler perdît ses titres pompeux, ses honneurs ; que les monumens audacieux de leur fausse gloire fussent renversés; *que toutes leurs richesses mal acquises fussent employées à alléger en partie le poids des malheurs qu'ils ont attirés sur la tête de leurs compatriotes*. Quant aux fidèles serviteurs de leur Roi et de leur Pays, quant à ceux qui ont méprisé l'usurpateur, qui ont résisté à ses volontés, qui ont combattu contre son pouvoir, les pertes qu'ils ont pu faire seraient prises en considération, leurs services récompensés ; ils seraient élevés en dignités : on les chargerait exclusivement de la conservation des deniers publics, du soin de la police du royaume, de la surveillance de l'instruction et de la défense du peuple.

Telle est la conduite que l'expérience suggère, que la justice commande impérativement à tout pays qui échappe aux tempêtes de la rébellion, et sur-tout d'une rébellion aussi noire, aussi infâme, que celle qui vient de bouleverser dernièrement la France. Dans une prochaine lettre (nº. 7) j'examinerai jusqu'à quel point les mesures de la nouvelle administration de M.**** cadrent avec les principes que je viens de développer.

Nº. VI.

UNE lettre qui a paru dans le *Chronicle* d'hier, au sujet de la destination présumée de Buonaparte, a produit, dit-on, une grande sensation dans le public. La signature d'un avocat célèbre, les commentaires favorables qu'on a faits sur cette lettre, tout concourt à donner à la grande question qui nous occupe, des droits à un examen approfondi. L'opinion de M. Capel Lofft est que Buonaparte (à qui il donne le titre d'Empereur) ne peut être regardé comme un prisonnier de guerre ; que nous n'avons pas plus que les puissances alliées le droit de lui faire son procès, de le faire mourir ou de le détenir sur une terre lointaine ; que la déportation, le transport ou l'exil ne peuvent exister dans ce pays que dans les cas expressément prévus et ordonnés par la loi ; et qu'enfin puisqu'il se trouve, par son séjour à Plymouth, dans un Comté de l'Angleterre, il est conséquemment considéré comme sujet temporaire ; qu'il a, par cela même, droit de prétendre, de la part de nos lois, à la même protection que peut réclamer tout homme placé dans la même position que lui ; qu'il se trouve dans l'hypothèse de *l'habeas corpus* ; que le writ d'*habeas corpus* est le mode légal établi en faveur de tout individu pour être assuré si l'on dispose légalement ou illégalement de sa liberté, et qu'en principe, est illégale toute atteinte à la liberté individuelle dont la justice n'est pas clairement et franchement démontrée.

Telle est la substance du sens que M. Capel

Lofft donne à la loi pour en faire l'application à la situation présente de l'Empereur (pour me servir de ses expressions), et sa conclusion, quant à la destination définitive de Buonaparte, est évidente. C'est qu'il lui doit être permis d'aller où bon lui semblera, puisqu'il n'existe, suivant l'opinion de ce gentilhomme, aucune raison légale qui motive sa détention. C'est alors que vous ajoutez, Monsieur : les ministres doivent obtenir un bill d'indemnité pour le pouvoir transporter sans une mise en jugement, aussi bien qu'un acte pour le détenir sur une terre étrangère. Ayant touché l'Angleterre, se trouvant par-là soumis à la juridiction de l'Amirauté, il a droit aux bénéfices de nos lois Un esclave ne touche pas les côtes d'Angleterre sans être libre, et aucun homme, tel criminel qu'il soit, ne peut être déporté sans jugement. Nous sommes loin de vouloir nous opposer aux mesures jugées indispensables pour la tranquillité publique, mais il ne faut pas que les lois d'Angleterre soient violées.

Je me range, Monsieur, avec beaucoup de déférence à votre opinion et à celle de M. Capel Lofft, en ce qui regarde la Constitution; mais permettez-moi de vous faire observer qu'elle devient erronée par la fausse application que vous en faites à l'hypothèse dont il s'agit. Les idées de votre correspondant sont beaucoup trop resserrées par les habitudes de son état, pour lui permettre de considérer cette hypothèse sous le point de vue étendu qui lui convient. Il n'aurait jamais pensé en effet à déclarer compétent de la juridiction des lois municipales d'Angleterre, un point de discussion qui lui est aussi étranger qu'aucune autre chose que je puisse imaginer.

Conformément à la Constitution d'Angleterre, pour ce qui est des affaires étrangères, le Roi est le délégué, le représentant de son peuple; dans le Roi, comme dans un centre, viennent se fondre tous les vœux, toutes les opinions de la Nation. Ils présentent, réunis, une consistance, ils jettent un éclat, acquièrent une puissance qui les fait craindre et respecter des Monarques étrangers. Tout ce qui émane, sous ce rapport, de l'autorité royale, devient donc l'acte de la Nation entière. C'est d'après ce même principe que le Roi a seul aussi la prérogative de faire la paix et la guerre. Ce principe est consacré par tous les écrivains politiques, que le droit de faire la guerre, qui appartient à chaque individu en particulier, est concédé par tout homme vivant en société et remis entre les mains du Souverain; et ce droit n'est pas seulement abandonné par les individus pris isolément, mais bien par le corps entier de la Nation, qui vit sous la domination du Souverain. Partout où réside le droit de commencer une guerre nationale, là doit aussi résider celui de la terminer et de faire la paix.

Il est évident, d'après cette citation que je viens de faire de Blakstone, que le droit de déclarer la guerre ou de faire la paix appartient à notre Souverain; (ce droit est si bien reconnu qu'il devenait presque inutile de l'établir). Il s'en suit donc que la personne ou la Nation à laquelle la guerre est déclarée ou qui en est l'objet devient incontestablement du domaine exclusif de la Royauté. Il est de fait que notre Ambassadeur, représentant Sa Majesté à Vienne dans le mois de mars dernier, a pris part à la déclaration publiée sous la mutuelle influence des principaux Souverains de l'Europe ; cette déclaration plaçait Buonaparte hors du sein des relations civiles et sociales, déclarait qu'en violant la convention qui l'avait établi à l'île d'Elbe, il venait de détruire le seul titre légal duquel dépendait son existence ; qu'en outre, par sa nouvelle apparition en France avec des projets de trouble et de désordre, il s'était privé lui-même de la protection de la loi, et avait prouvé à l'Univers qu'il ne pouvait y avoir avec lui ni paix ni trêve. Il est de fait également que la guerre lui a été déclarée, qu'il a été vaincu, qu'enfin il est aujourd'hui au pouvoir de l'un des Souverains qui ont signé la déclaration du mois de mars, ou pour mieux dire, *la sentence judiciaire prononcée contre lui*. M. Capell Lofft prétendra-t-il que le Congrès ou la Cour de Vienne n'était pas légalement compétente pour faire une semblable déclaration ? que notre Souverain ne lui a pas accordé sa sanction, que la guerre n'a pas été entamée dans le véritable sens de cette déclaration ? Buonaparte n'est qu'un être convaincu de crimes, dégradé ; et rien ne pouvait engager à mettre la sentence du Congrès à exécution, si ce n'est la crainte de sa personne. La manière dont il s'est rendu lui-même ne change en aucune façon sa position. En se mettant au pouvoir du Gouvernement anglais, il n'est pas devenu exclusivement notre prisonnier, c'est-à-dire, coupable vis-à-vis de notre Gouvernement seul; *mais il doit être considéré comme le prisonnier, comme le grand criminel de toutes les puissances coalisées ensemble ;* parler aujourd'hui de l'illégalité de sa détention est une absurdité aussi grande que de parler de l'injustice de la détention des gens qu'on est à la veille de transporter à *Botany-Bey*. Ainsi que vous le remarquez, Monsieur, un esclave obtient sa liberté en touchant le territoire anglais; mais un esclave est réduit à cet état d'esclavage par un systême qui est réprouvé par les lois d'Angleterre. Les lois de notre pays détruisent-elles la puissance du Congrès de Vienne : dictent-elles à notre Souverain dans quels termes il doit faire la guerre ou la paix...? S'il n'en est point ainsi, la détention de Buonaparte est au-dessus de leur juridiction, et l'intervention d'une Cour anglaise de Justice serait, en pareille occurence, un acte de Don-Quichotisme aussi extravagant que tout ce qu'on nous rapporte du *Chevalier de la Triste Figure.*

LEWIS GOLDSMITH.

N°. VII.

APRÈS la correspondance qui vient d'avoir lieu dans un journal, touchant l'emprisonnement qu'on se propose de faire de la personne de Buonaparte, je n'importunerai pas davantage vos lecteurs sur ce sujet ; seulement je me permettrai de demander si la question ne pourrait pas être simplifiée, en considérant Buonaparte sous le véritable jour sous lequel il doit être vu indubitablement, savoir : celui d'un étranger ennemi qui est devenu prisonnier.

M. Capel Lofft doit savoir que les droits même des *Etrangers amis* sont circonscrits et ne peuvent être acquis que sous certaines conditions particulières. Blackstone les ayant spécifiées, fait l'observation suivante : « Lorsque » je parle des droits accordés à un étranger, il » faut entendre seulement les *Etrangers amis* » ou les Individus dont les pays sont en paix » avec le nôtre; car les *Etrangers ennemis* » n'ont aucun droit, aucun privilége, à moins » que ce ne soit une faveur spéciale du Roi, » pendant le temps de la guerre. » Comment alors M. Capell Lofft ose-t-il supposer que Buonaparte puisse réclamer le bénéfice de la grande Charte, l'acte d'*habeas corpus*, le bill de droits et tous les autres priviléges auxquels les naturels du pays et les *Etrangers amis* ont seuls droit de prétendre? D'après son propre aveu, Buonaparte s'est remis lui-même entre nos mains lorsqu'il n'a plus entrevu la possibilité de s'échapper. Il est conséquemment, à tous égards, comme on l'a précédemment observé, prisonnier de guerre et *Etranger ennemi*.

Je suis; etc.

JUN***.

N°. VIII.

CYRUS ET CRÉSUS.

Lorsque Crésus, roi de Lydie, tomba par le sort de la guerre au pouvoir de Cyrus, le vainqueur cédant au premier mouvement de vengeance, résolut de le mettre à mort; il fit donc élever dans ce dessein un bûcher sur lequel Crésus devait être brûlé tout vif. Mais Crésus ne fut pas plutôt monté sur le bûcher qu'il s'écria « *Solon! Solon! Solon!* » Cyrus était présent; il lui demanda le sens de ces paroles. Crésus lui répondit qu'il reconnaissait à présent la vérité de ce que Solon lui avait dit, savoir : que la pauvreté était préférable à la richesse. Cyrus fut tellement ému de cette réflexion qu'il épargna non-seulement la vie de Crésus, mais qu'il lui accorda encore son amitié.

ALEXANDRE, ROI DE MACÉDOINE, ET PORUS.

Dans une bataille livrée sur les bords de l'Hydaspe, Porus, souverain d'un Royaume considérable des Indes, fut battu et fait prisonnier par Alexandre. Celui-ci lui demandant comment il voulait être traité, Porus répondit: *en Roi*. Alexandre admira la fierté et la noblesse de ce roi captif, et il lui restitua de suite son royaume.

CLAUDIUS ET CARACTACUS.

Le Roi anglais Caractacus, originaire du pays de Galles, après avoir combattu pendant plusieurs années avec la plus grande bravoure pour la défense de son pays contre les Romains, fut enfin défait et perfidement livré à son ennemi qui l'amena à l'empereur Claudius. Lorsqu'il fut parvenu en sa présence; Caractacus parla à l'empereur d'une manière si noble et si héroïque qu'il obtint et sa propre liberté et celle aussi de ses principaux adhérens. La conduite de Caractacus captif ne fait pas seulement honneur à lui-même, mais encore à la nation anglaise.

HIST****S.

N°. IX.

Me référant à ma dernière lettre, (N°. 5) je vais continuer à examiner en quoi le systême de M. **** pour le gouvernement de la France, diffère de celui auquel on devait naturellement s'attendre qu'il donnerait son adhésion.

On ne conduit pas un peuple avec de vaines paroles; un gouvernement est une affaire importante qui exige de l'aplomb et de l'expérience. Les nations et sur-tout celles qui ressemblent à la nation française, ne reviennent pas tout d'un coup de la rébellion à la loyauté sur de simples injonctions ou par des phrases sentimentales. Il existe ici de grands motifs d'agir avec politique et réflexion. Pour faire une impression générale sur la grande masse de la nation, il faut des exemples frappans tant de punition que de récompense. Cette grande vérité a été développée d'une manière infiniment supérieure par le célèbre Burke qui vit, il y a vingt-trois ou vingt-quatre ans, dans une crise semblable à la nôtre, plus clairement ce qu'il y avait à faire, que nous ne pouvons l'apercevoir nous-mêmes. Je ne réclame que le mérite d'appliquer ces principes aux événemens qui se passent sous nos yeux, et je me serais épargné cette peine, si les hommes d'État de la France, et en général du continent, n'avaient pas négligé ou dédaigné de marcher sur les traces de ce grand politique.

A lire certains papiers, on supposerait que quelques hommes, en France, d'une imagination ardente, s'étaient laissés entraîner à de légers excès; que ces messieurs avaient été aisément rappelés à leur devoir, et qu'il n'a fallu que *réprimer la moralité trop austère de leurs compatriotes et la garantir d'une rigueur inutile contre les délinquans*, en leur rappelant qu'il est de notre devoir de pardonner les injures, et de montrer de la générosité pour un ennemi vaincu. Sons bruyans d'une cymbale retentissante! *Sed non est hic locus.* Ce n'est ni le temps, ni le lieu de faire de si beaux discours. J'avoue que l'oubli des injures est une vertu noble et divine, et pour tout dire, en un mot, une véritable vertu chrétienne; que la générosité qu'on déploie envers un ennemi abattu est le caractère distinctif d'une noble magnanimité ; mais chaque vertu a son temps, son à-propos, son motif. En tout il est certaines limites, certaines restrictions, suivant ces expressions d'un poète :

Quos ultrà citràque nequit consistere rectum.

Il y a plus : ces fastueuses démonstrations trahissent l'homme coupable et l'hypocrite. Celui qui se sent sujet lui-même à une sévère récrimination, sera tout prêt à parler d'*amnistie générale ;* celui qui a su accumuler à son profit les fruits de la violence et de la rapine, sera un des premiers à protester contre la restitution des biens volés : il vaudrait mieux encore bâtir sur le sable que d'établir un système sur des bases aussi vicieuses.

Il est évidemment faux que la grande partie des rebelles qui agissaient en France se soit repentie de ses crimes, qu'elle ne regarde, en ce moment, la personne du Souverain avec d'autres sentimens que ceux de la haine. La dernière rébellion a développé un caractère plus odieux qu'aucune de celles dont l'histoire nous fournit l'exemple. On ne vit jamais un plan de trahison aussi noir, aussi compliqué, aussi perfidement ourdi. Jamais auparavant une Armée entière n'avait abandonné son Souvevain, violé avec tant d'audace les sentimens de l'honneur et la sainteté de ses sermens. N'oublions jamais cependant qu'une telle conduite est devenue le sujet des plus grands éloges dans la bouche du patron de la perfidie, *à la vie criminelle duquel la France et l'Angleterre réunies ont craint d'attenter.* Buonaparte avec une dérision impudente, fit mention dans ses bulletins et ses discours, que la soldatesque de Lyon abandonna le soir ce même étendard auquel elle avait juré fidélité le matin. L'armée entière a connu l'infâme conduite de *** et de L******, cependant, à l'exception, à ce que je crois, d'un simple aide-de-camp de N*** (2), aucun officier n'a réfusé de servir sous des traîtres qui avaient perdu tout sentiment d'honneur. Je ne re-

---

(1) Cet aide-de-camp fidèle au Roi, à l'honneur, est le *baron Clouez*. Son nom ne peut demeurer inconnu : les débats du procès de N.. ont mis au grand jour toute la délicatesse de ce brave officier.

monterai pas à une époque plus éloignée que celle de la révolution, pour être à même de prouver que la plupart des meneurs de la dernière conspiration, surtout dans l'ordre civil, sont des hommes dont la vie antérieure était justement condamnable, qui n'avaient pas été seulement épargnés au premier retour du Roi, mais qui sont même restés possesseurs de *richesses consacrées depuis et presque publiquement à détrôner leur souverain.* Si l'ancienne douceur du Gouvernement n'a été attribuée, par ces hommes, qu'à la faiblesse, à combien plus forte raison retrouveront-ils cette même faiblesse dans l'indulgence que l'on déploie aujourd'hui vis-à-vis d'eux? Un misérable tel que C....t est-il capable de reconnaissance? D*** détestera-t-il moins aujourd'hui la famille des Bourbons qu'avant l'époque où il s'est mis lui-même à la tête d'une armée contre eux? Il est une vérité déplorable qu'on ne doit point chercher à se dissimuler, c'est que la longue série des trahisons auxquelles la révolution française a donné naissance, a eu pour effet d'effacer des cœurs d'un grand nombre de Français l'horreur que de semblables crimes devraient exciter, et sapé conséquemment les seuls fondemens inébranlables sur lesquels puisse en tout temps reposer un gouvernement libéral. L'opinion publique en France n'a cessé de s'attacher un systême de grand développement de forces; en France un Gouvernement faible n'est point un Gouvernement : enfin, d'après l'évidence palpable des faits : quelle est la conduite de ****? introduit-il le Roi armé du glaive de la justice? Non; dès le commencement du mois de mars, *** était encore à ****; le Roi publia une proclamation, dénonçant Napoléon Buonaparte comme un traître et un rebelle. Je suis convaincu que *** est trop versé dans la connaissance profonde des lois publiques pour mettre en question la légalité de cette proclamation; il sait fort bien que le titre d'empereur des Français pris par Buonaparte, ne lui donnait pas plus d'inviolabilité que s'il eût été pris par un chef de Bohémiens; il sait que l'espèce de souveraineté conférée assez irrégulièrement par quelques unes des Puissances Européennes dans le traité de Fontainebleau, ne pouvait que toucher bien légèrement la question de droit entre ce rebelle et son légitime Souverain. Mais quelqu'effet qu'on ait pu attribuer à ce traité pendant que Buonaparte était à l'île d'Elbe, il a été depuis rendu parfaitement nul par le fait du débarquement de Buonaparte en France, et surtout par cette proclamation qu'il a publiée lui-même pour protester de cette nullité : ce traité de Fontainebleau n'avait donc été dès l'origine qu'un pur artifice. Buonaparte ne devint plus qu'un chef de rebelles, qu'un sujet portant les armes contre son Souverain. Disons plus, comme le but manifeste de sa conspiration n'était pas seulement d'usurper le trône de France, mais bien de s'emparer de la Belgique, de se joindre avec Murat en Italie, et de troubler enfin pour jamais l'ordre social de l'Europe; il n'est plus devenu qu'une espèce de pirate, un incendiaire, un ennemi du genre humain, mis en définitif hors de la loi de toutes les Nations. A tout événement, il a été déclaré traître envers notre allié le roi de France et nous, auxquels il s'est, de son propre chef, livré sans conditions, *nous n'avons pas le droit de nous refuser à le remettre aux* *mains de qui doit le punir.* Eh ! pourquoi, dans ce dessein, **** ne le demande-t-il pas en forme à notre Gouvernement ? Veut-il conserver l'idée d'une nouvelle rébellion, comme pour tenir en échec son Souverain ? Après un assez long délai, une ou deux ordonnances ont été rendues, elles paraissent indiquer l'intention de punir des rebelles. Assurément s'il existe des coupables, Buonaparte est le plus grand de tous : *cependant son nom n'est point en tête de la liste, il n'en est pas même fait mention.* Voyons la marche qu'on aura suivie à l'égard des autres. Quelques Généraux, au nombre de dix-neuf, doivent être traduits devant une Cour martiale, mais je ne vois pas qu'aucun d'eux soit encore actuellement en état d'arrestation (1) : à l'exception des L****, des B***, des S**** qui sont en notre pouvoir, et qui devraient être renvoyés en France pieds et poings liés et avec toutes les autres marques d'infamie, le reste de ces traîtres est en liber-

(1) Notre Anglais est beaucoup trop impatient. —Il n'en pourrait dire autant au jourd'hui : grace au Ciel.

té, quelques-uns d'eux sont même encore sous les armes (1); au total il semblerait que cette partie de l'Ordonnance Royale ne doit avoir, foudre impuissante, d'autre effet que celui de gronder sans danger sur la tête des coupables! Cette ordonnance n'atteint également que ceux qui ont trahi le Roi avant l'époque du 23 mars. Par quelle logique pourrons-nous prouver que ceux-là ne sont pas coupables qui ont continué de le trahir depuis le 8 juillet? S'il est de principe certain que l'homme qui est par le fait Souverain doit être obéi, a-t-on pensé que ce principe pût perdre de sa vigueur quand il est appliqué au monarque qui réunit à ce pouvoir effectif un titre légal? L'arrivée de Buonaparte aux Tuileries, au milieu des ténèbres de la nuit, était-elle un titre plus puissant à la souveraineté que *l'entrée triomphante de Louis XVIII dans ce même palais, et en plein*

---

(1) Il n'est aucun de nous qui ne se rappelle le motif de l'importante mission du *Maréchal duc de Tarente.*— En quelles mains plus habiles, Sa Majesté pouvait-elle confier la réorganisation d'un corps d'armée aussi important.

midi? Pouvons-nous bien écouter patiemment le récit de la conduite d'un misérable parjure tel que R** qui, pendant des semaines entières, expose au bombardement la ville de Valenciennes; ou de cet autre monstre, dont le nom m'échappe, qui fit tout récemment fusiller sur les glacis de Condé, l'officier qui venait sommer cette forteresse de se rendre? De telles atrocités demeureraient impunies!!! Cette liste de *** me surprend, je l'avoue, sous un autre point de vue : je ne puis concevoir pourquoi les traîtres militaires sont seuls dans le cas d'être mis de suite en jugement; quelques-uns d'eux sont sans doute des hommes exécrables, mais la majorité n'est pas pire que ces hommes et ces femmes qui tinrent si long-temps des conciliabules nocturnes à Paris pour organiser la conspiration qui ramena pour la deuxième fois Buonaparte en France, qui ont engagé par la corruption tous les officiers à demi-solde à rompre le serment de fidélité qu'ils avaient prêté au roi. Il est un fait reconnu, c'est que C*** assista non-seulement à ces conciliabules, mais qu'il souscrivit encore sur les fruits de sa longue carrière politique, un million et demi de francs pour l'accomplissement de ce dessein impie, il est également de notoriété publique que les duchesses de ****, de *****, de **** et plusieurs autres infâmes prostituées furent au nombre des agens les plus actifs de cet infernal tripot. Je m'aperçois que quelques individus libéraux sont choqués de m'entendre parler avec si peu de respect de femmes de distinction, qu'ils pensent que des belles de cette espèce devraient avoir la liberté de joindre à leurs autres intrigues toutes les manœuvres politiques qu'elles jugeraient convenables. *Joli cercle de dames en vérité, que toutes ces duchesses de la révolution!* Doctrine vraiment conséquente, que celle qui prétend excepter les femmes du crime de trahison, les en excuser! J'avoue que cette manière de voir n'est pas seulement particulière aux politiques anglais. Le fait suivant vient à l'appui de cette vérité. En février dernier un royaliste de distinction avait acquis des informations positives au sujet d'une assemblée qui devait se tenir chez mad^e. M***, et sur tous les détails du complot qu'on y tramait; il confie le tout au Ministre de la police de ce temps, et insiste fortement pour qu'on arrête toute la société mâle et femelle. Le Ministre répliqua que ce serait causer un scandale terrible à Paris que d'arrêter tant de personnages distingués, et surtout des femmes. Ce sont aussi ces attentions délicates pour le rang et le sexe qui nous coûtent au moins aujourd'hui cinquante millions d'argent, sans parler de tout le sang répandu dans la plaine de Waterloo. C'en est assez touchant la trahison des femmes. J'ajouterai que le Ministre de la police en question était un vieux camarade de collége de Buonaparte, intime ami de ****, enfin élevé à ce poste éminent par le nouveau Gouvernement.

N°. X.

« Les places que la postérité donne, sont
» sujettes, comme les autres, aux caprices
» de la fortune. Malheur à la réputation de
» tout prince qui est opprimé par un parti
» qui devient le dominant, et qui a tenté
» de détruire un préjugé qui lui survit ! »

MONTESQUIEU.

LE langage et les suggestions de quelques-uns de vos contemporains touchant la destinée de Buonaparte choquent et répugnent tout à la fois : ils sont la preuve d'une telle dépravation qu'on est tenté en les lisant de s'écrier : Notre siècle n'est-il donc point barbare? vivons-nous dans un pays civilisé ? Ce fut toujours le dernier degré de l'avilissement que d'insulter au malheur d'un ennemi ; joindre au châtiment le vil protocole de l'injure, c'est montrer une absence de tout sentiment humain. Les crimes d'un monstre tel que Buonaparte, disent ces écrivains, ne doivent pas rester impunies. Eh! comment ses crimes restent-ils impunis? Sa défaite, et par suite sa disgrace, ne sont-elles point une punition exemplaire? Qu'est-ce donc que l'événement qui le précipite du trône dans un état de captivité? L'esclavage qui le sépare d'une épouse, d'un enfant? Enfin, la perte de cette chimère idéale de puissance, objet de ses plus chères affections? « cette pensée à midi! ce songe à minuit! » n'est-ce point une punition exemplaire? Quels sont donc ces crimes dont on l'accuse? Ces crimes sont ceux de l'ambition; ceux d'une grande ame; les crimes d'un Alexandre, d'un César, d'un Charlemagne. Mais c'est un assassin, ajoutent ses accusateurs; il est réputé assassin, je ne nie point le fait; mais qu'il le soit réellement, c'est faux, je le soutiens. Vos contemporains croient-ils que Napoléon soit l'assassin des d'Enghien, des Hoffer, des Palm, des Wright? Si telles sont leurs idées, j'ai pitié de leur crédulité; mais s'ils ne pensent point ainsi, leur hypocrisie me fait horreur. N'insistons pas davantage sur l'absurdité qu'il y aurait à considérer un Souverain indépendant sous l'aspect d'un assassin, puisqu'à la faveur d'un semblable raisonnement, il ne serait point impossible de chercher à placer la plupart des Souverains de l'Europe dans la même cathégorie. Laquelle des victimes que je viens de signaler a donc été mise à mort sans jugement, ou du moins en contravention des lois établies? Ces observations sont applicables aux trois premiers individus. Quant à l'histoire faite sur le compte de Wright, elle est notoirement fausse; elle n'acquit jamais le plus petit degré d'authenticité. Le plan insidieux d'attaque, adopté par *le Times*, est vraiment remarquable. Au nombre des épithètes injurieuses et dénuées de fondement dont il gratifie cette victime de la calomnie, je remarquerai celle d'empoisonneur de Jaffa, d'apôtre du mahométisme : d'abord s'il a bien étudié son thême, il doit être assuré que de semblables contes sont depuis long-temps tournés en ridicule, ses plus zélés partisans n'y croient même pas. Mais, en faisant un amalgame de ce qui est notoirement faux avec ce qui a l'apparence de quelqu'autorité, on a tâché de faire passer l'un à la faveur de l'autre, et, par ce moyen adroit, d'augmenter là série des atrocités qu'on impute à Buonaparte. Mais sous tous ces points de vue, le système du Times est faux, absurde, et tout ce vil échafaudage d'accusations mensongères doit s'écrouler devant le scrutin d'un examen exempt de préjugés. *Magnœ virtutes nec minora vitæ* (de grandes vertus, de grands vices). Tel a été, quant à Napoléon, le caractère de la plupart des conquérans ; je tâcherai de prouver qu'il n'exista jamais de conquérant, soit ancien ou moderne, dont les vices fussent en si petite proportion avec les vertus. L'acharnement avec lequel *le Times* a dégradé le caractère de cet homme, est devenu chez nous un sujet d'animadversion générale. On avait au moins lieu d'attendre que ce torrent d'invectives s'arrêterait avec la ruine de celui qui en était l'objet; il en a été autrement : cette rage n'a fait, en sens inverse, que redoubler encore. Tacite et Sénèque remarquent qu'il existe chez l'homme un penchant qui le porte à détester ceux qu'il a d'abord injuriés. Cette vérité semble s'appliquer particulièrement à la conduite du *Times*, je crains que le docteur n'ait étudié que fort peu sa Bible. Tout récemment il donnait l'idée de soumettre Napoléon à la juridiction d'une cour martiale pour l'assassinat de Wright. *Risum teneatis!!!* Cette pensée est vraiment trop absurde pour mériter une réfutation sérieuse; ses parallèles avec Despard et Parker sont également d'un ridicule!..... Qu'il écrive toujours de la sorte et il ne fera que fournir lui-même l'antidote de son venin. Ses injures sont du goût des carrefours et des marchés à sucre; aussi ce qu'il compte de lecteurs sensés et solides ne peut le regarder qu'avec dégoût:

Quelques autres journaux ont prétendu que Buonaparte devait être livré au Roi de France comme un rébelle; Buonaparte n'est point un rébelle. A l'époque de son débarquement en France, il était Souverain indépendant et non pas sujet de Louis XVIII. Son débarquement en France, à l'aide d'une force armée, doit être envisagé comme le fait pur et simple d'un Souverain, qui envahit le territoire d'un autre Souverain; il doit être considéré comme ayant reconquis une couronne dont il avait été dépouillé, et à l'aide de quelques affidés (1).

---

(1) J'avais précédemment promis de réfuter l'infernal raisonnement de l'auteur de cette lettre qui, sous le

Les raisonnemens du *Times* en ce qui concerne la reddition de Buonaparte au capitaine Maitland sont on ne peut plus superficiels : il dit que Buonaparte ne s'est rendu qu'après avoir perdu tout espoir de s'échapper, et, qu'en conséquence, aucunes conditions ne peuvent être

---

gracieux titre de *Bellérophon*, cherche à défendre, *rostro et unguibus*, l'ennemi du genre humain. J'ai rapporté, dans ma première édition, qu'un officier anglais avait dit plaisamment qu'il était facile de s'apercevoir que ce prétendu Bellérophon, ce journaliste adulateur, si bas, de Buonaparte *était de son bord*. On m'a depuis assuré que cet individu n'est autre qu'un échappé des bagnes de Marseille, dont le sublime ex-empereur républicain gratifia dernièrement quelques-uns de nos départemens du Nord. En excusant donc la juste admiration de M. Bellérophon pour son digne maître, je me permettrai de remarquer qu'il est de toute fausseté que Buonaparte soit revenu à l'aide seulement de quelques affidés. Ce pauvre M. Bellérophon perd l'esprit, ou fait la bête. Peut-il ignorer l'épouvantable étendue de la conspiration qui ramena le corse parmi nous. Ces brigands qu'il décore du titre modeste d'affidés de Buonaparte, n'étaient qu'une bien faible partie de ses complices; Paris, Lyon, le Nord le Sud, toute la France enfin était infestée de traîtres, de sourds agitateurs, de fédérés.

exigées ni accordées. Je demanderai au *Times*, si tout autre qu'un fou pourrait se rendre lorsqu'il lui reste une chance de succès, ou quand il existe encore à ses yeux quelque probabilité d'échapper à la vigilance d'un ennemi. S'il ne s'était rendu qu'après une résistance obstinée, qu'après avoir fait inutilement sacrifier un nombre considérable de braves gens, l'hypothèse serait alors toute différente (1); mais sa reddition purement volontaire lui donne des droits aux conditions honorables (2). *La conduite des*

---

(1) N'est-ce donc rien ; M. Bellérophon, que tous les malheureux Francais qui ont péri aux batailles de Waterloo, du Mont-Saint-Jean ; combien de braves seraient aujourd'hui glorieux de servir le Roi qui se sont vus contraints d'y chercher la mort.

(1) Mais comment celui qui, pendant tant d'années, n'a pas fait un pas, ni conçu une idée qui ne fût au détriment des Français, aurait-il acquis quelque droit à la générosité des Souverains qu'il a tenté d'avilir, et sous les pieds desquels il a creusé un abyme? Buonaparte est entré dans la confédération des Rois, son nom a été inscrit sur cette liste sacrée ; mais à quelles conditions est-il parvenu à cet excès d'honneur? et quels engagemens avait-il contractés pour s'y maintenir? Si la guerre lui avait ouvert le chemin de presque toutes les capitales ;

officiers du Bellérophon, depuis son arrivée à bord du vaisseau, répand un plus grand lustre

---

ce n'est que la paix qui lui a assuré un titre qu'un conquérant peut se donner, mais qu'il ne possède cependant que quand d'autres Souverains le lui ont accordé. Si, avant la campagne de 1805, quelques états avaient commis l'erreur de le reconnaître empereur, sans combattre, et de voler audevant du joug, cependant les cabinets de Vienne, et de Saint-Pétersbourg étaient noblement entrés en lice pour le lui disputer. L'Autriche en cédant à la fortune, ne lui avait donné ce titre qu'à Presbourg, et la Russie ne le reconnût que deux ans après, dans le traité de Tilsitt; mais dans ces deux reconnaissances, auxquelles les malheurs de la guerre donnèrent encore plus d'importance, les denx plus grands Souverains du continent européen, crurent devoir acheter la paix, et sacrifier généreusement à la tranquillité de leurs peuples leur dignité blessée. Des traités furent conclus entre eux et Napoléon : ce dernier fut reconnu empereur; mais il jura la paix, on satisfit à son orgueil, mais on lui demanda le sacrifice de son ambition; on accorda pour obtenir, et le soldat heureux fut traité de frère, parce qu'on espéra, par une condescendance sans exemple, que cet honneur inoui appaiserait la soif de sang de l'usurpateur.

Les Souverains, engagés dans ce nouveau système,

sur notre caractère national que la splendeur d'une victoire navale. Il était hier le Sou-

---

n'ont que trop religieusement tenu leurs promesses; mais lui, pour le prix de tant de sacrifices, a-t-il rempli une seule des siennes? Quand le gouvernement anglais, entraîné par l'impulsion nationale, eut l'audace ou plutôt le génie de chercher à prouver à la nation qu'une paix avec le dominateur de la France, n'était qu'une belle chimère. Ce dominateur, premier consul alors, eut-il la pudeur de retarder l'envahissement de l'Italie? Après la paix de Presbourg, ses troupes ne marchèrent-elles pas droit à Naples? et perdit-il un moment pour souffler en Allemagne la discorde et la guerre?...... S'en est-il tenu aux conditions avantageuses qu'il dicta lui même à Tilsit? La Prusse y avait consenti à des pertes énormes; il promit de la ménager; l'alliance de l'empereur de Russie, qu'il avait tant ambitionnée était le prix de sa condescendance; l'amitié, pour la première fois peut-être, dans des considérations politiques; les intérêts de la Russie furent, pour ainsi dire, immolés à la conservation de la Prusse, et cinq ans d'un pillage méthodique, furent l'unique récompense des plus pénibles sacrifices. Depuis, l'humiliation du Danemark, la sagesse de la Suède, la soumission de la confédération du Rhin, l'inquiétude de la Suisse, les larmes de l'Italie, la résignation de la Hollande, le désespoir de l'Espagne n'ont pu l'ar-

verain de la Nation la plus puissante de la terre, aujourd'hui c'est un fugitif dont la tête est proscrite; hier le premier des hommes, aujourd'hui le dernier des humains, au-dessous même du plus bas paysan, du plus vil captif, enfin à la merci d'un ennemi irrité. Quelle est l'ame humaine qui aurait la force de

---

rêter. Il a promis la paix à tous, à tous il a fait la guerre; ses proclamations ont annoncé la tranquillité; ses agens ont répandu l'épouvante; il n'y a pas un peuple à la bonne foi duquel il n'ait demandé des sacrifices; il n'y a pas un peuple qu'il n'ait outragé, pas un souverain qu'il n'ait compromis, pas un état qu'il n'ait appauvri, pas un cabinet qu'il n'ait trompé. Les ennemis d'un jour, les amis de la veille ou de dix années ont éprouvé également sa haine; l'hésitation a été un crime, le dévouement une ruse, l'asservissement une bassesse inutile, dans ce bouleversement de constitutions, de trônes, de Rois, tout a été renversé, relevé, détruit, avec la même fureur; c'est le désordre qu'il fallait reproduire; c'est le cahos dont on avait besoin, afin d'en faire sortir un jour cette monarchie universelle, unique ressource d'un insensé, qui, hors de toutes mesures, n'appartient pas plus aujourd'hui aux lois de la société par son esprit, qu'aux droits de l'humanité par son cœur.

supporter une chûte aussi subite, aussi terrible? Eh! bien

> Though storms and tempests thunder on his brow
> He stands unmov'd (1).

voilà l'homme que le *Times* appelle le plus sanguinaire des tyrans, et que le *Morning-Post* déclare indigne des honneurs de la sépulture!

Napoléon a été appelé tyran! je pense que nous ne nous sommes pas fait une idée juste de son gouvernement. *Si la France ne s'était pas montrée aveugle sur ses propres intérêts, si elle l'avait soutenu avec cette énergie, cet accord unanime que les circonstances exigeaient impérieusement, Napoléon l'aurait élevée à une hauteur incomparable de gloire.* (2) Les priva-

---

(1) C'est-à-dire, que l'orage, que la tempête gronde sur sa tête.... n'importe.... il demeure inébranlable: c'est l'*impavidum ferient ruinæ* d'Horace, à cette exception, qu'Horace entendait parler du *juste* et de l'*homme de bien.* On ne peut donc faire un plus étrange abus de citations.

(2) Si les excellens principes de M. Bellerophon ne s'étaient pas déjà développés d'une manière assez sérieuse, on pourrait croire qu'il a voulu amuser les Anglais aux dépens de sa chère idole; l'ironie serait très-piquante

tions que la *sévérité de son systême imposait à la France* (1), devaient servir momentanément de bases à sa grandeur future ; L'esclavage de la presse (2) dans ce pays, est l'image du systême actuel du gouvernement. La capitale était n'a guère encore inondée de porte-feuilles fabriqués, de relations exa-

---

pour nous, sur-tout... Qui mieux que la France peut se rappeler en effet à quelle hauteur de gloire, à quel brillant dégré de prospérité, Buonaparte l'a conduite, de 1813 à 1814 ; et enfin, du 20 mars 1815 au 2 juillet : qui mieux que nous peut être assuré

« Qu'il aurait, vrai Néron, marchant de crime en crime
» Entr'ouvert sous la France un éternel abyme,
» Et de son sein meurtri dévoré les lambeaux.

(1) M. Bellérophon est bien modeste, s'il appelle une sévérité de systême... toutes les gentillesses du plus affreux jacobinisme.

(2) Il est par trop ridicule qu'un soi-disant Anglais veuille nous persuader que la presse est esclave en France, que personne ne peut dire, exprimer, imprimer même sa pensée. Il suffit de lire certains journaux, pour être persuadé que la bonté paternelle du Roi s'étend jusque sur des sujets ingrats, qu'il dédaigne de réduire au plus profond silence.

gérées des campagnes d'Espagne, de lettres fabriquées de N***, enfin de tout ce qui peut porter préjudice, égarer les esprits. La lettre du duc de Wellington (1) à lady Mornington est la meilleure réponse au rapport de N*** : « Buonaparte, dit sa Grace, ne doit pas être » accusé; il a combattu avec infiniment de ca» pacité, de persévérance, de courage, et la » victoire doit être seulement attribuée à la » force physiquement supérieure des soldats » alliés. A cette première force, il faut ajou» ter encore la supériorité de nombre des ar» mées qu'il avait à combattre : l'armée fran» çaise consistait en cent vingt mille hommes, » tandis que celle des Alliés montait au moins » à deux cent mille hommes. La réputation » de Napoléon, comme guerrier, ne peut ja» mais lui être enlevée. La guerre de 1814,

(1) Je dois à l'impartialité qui me caractérise, de citer cette prétendue lettre du Prince de Waterloo, qui sert de texte à M. Bellérophon, et qui a paru imprimé dans le Morning chronich du 9 août 1815. On ne nous refusera pas de douter de son authenticité.... Aucun Français n'y pourra croire.

» quoique très-malheureuse, fut néanmoins
» une de ses plus brillantes campagnes ; avec
» soixante mille hommes, il tint en échec les
» armées de l'Europe ; les battant dans chaque
» affaire ; et si les Alliés n'avaient pas inter-
» cepté quelques lettres, ils n'auraient jamais
» triomphé. Un hasard a donc décidé seul du
» sort d'un empire et *non l'habileté* ou *la va-*
» *leur des Généraux alliés* ». La lettre de cet excellent M. Capell Lofft, fait honneur à ses sentimens : je ne crois pas devoir hasarder d'émettre mon opinion sur la question de loi qui l'occupe ; mais je crois qu'il a raison. En tout cas, j'applaudis à la genérosité du motif qui le fait agir, et, en pareille occasion : *Malim cum Scaligero errare quàm cum Clavis rectè sapere.*

BELLÉROPHON.

N°. XI.

J'ai l'habitude de ne m'occuper jamais d'aucune affaire étrangère à mon état ; mais, regardant comme un devoir de ma charge de prêter assistance à l'opprimé, et considérant l'hypothèse dans laquelle l'ex-empereur des Français Napoléon se trouve placé, comme étant d'une espèce toute particulière, j'ai l'honneur de vous prier de déclarer que mon opinion, celle de plusieurs autres légistes, comme aussi du vénérable Capell Lofft, est que le roi d'Angleterre n'est autorisé ni par les lois des Nations, ni par la loi de notre pays, à envoyer, pour le punir, Buonaparte à Sainte-Hélène, sans l'avoir préalablement fait traduire en jugement, et sans qu'il ait été condamné par une cour de justice compétente.

Est-il prisonnier de guerre?... Pour être traité comme les autres prisonniers qui ne sont point condamnés encore, il faut qu'il soit détenu, seulement pour notre sauve-garde entre quatre murs (*within the four seas*). S'il s'est rendu coupable de quelque crime (1), qu'il

(1) S'il s'est rendu coupable de quelque crime! La cruauté du personnage (répondit-on même à ce sujet en Angleterre) n'est-elle point écrite en caractères de sang dans toutes les contrées de l'Europe, aux confins de

soit jugé par une Cour Martiale ! S'il est reconnu sujet de Sa Majesté Louis XVIII, qu'on le livre

---

l'Afrique, de l'Asie même : si nous ne le mettons pas même hors d'état de troubler aujourd'hui de nouveau la paix de l'Europe, l'Angleterre ne méritera jamais de retrouver des héros tels que ceux qui ont combattu et qui sont morts à Waterloo. L'existence de tant de braves aura été perdue ; le grand but atteint par tant de sacrifices aura été manqué, et peu s'en faudra que nous n'insultions à leurs mânes avant même que leur sang n'ait cessé de couler. La première procédure doit être l'appointement d'une Commission spéciale. — Il n'y a pas l'ombre de bon sens de prétendre que les Cours Martiales sont uniquement instituées dans chaque pays pour punir les crimes qni leur appartiennent. C'est une Cour Martiale américaine qui a jugé et fusillé le major André comme espion ; et Buonaparte ne nommait-il pas lui-même dans tous les pays, des commissions de toute espèce, pour juger et punir les malheureux qui lui déplaisaient. Je passe ici sous silence l'histoire de la mort de Wright, pour rappeler que Palm, libraire de Nuremberg, fut exécuté par les ordres de Buonaparte, à Braunau : voici la lettre qu'une demi-heure avant sa mort, le malheureux écrivit à sa femme : elle a été publiée dernièrement en Allemagne.

« Trésor de mon cœur, enfans tendrement aimés, je » suis abandonné des hommes et non par Dieu ! La Com-

au Gouvernement français! Mais du moins que les Ministres de Sa Majesté n'adoptent pas des mesures contraires à la loi et qui dérogent à l'honneur de la Couronne Britannique.

Du moment qu'il est entré à Plymouth ou dans tout autre port de l'Angleterre ; il a dû être considéré ici soit comme ennemi étranger, soit comme prisonnier de guerre, ou enfin sous telle autre qualité qu'il paraîtrait avoir eue alors. Il a été pris ou non en temps de

---

» mission militaire de cette ville a prononcé une sen-
» tence contre moi : dans les deux seules audiences que
» j'aye obtenues, on m'a demandé si j'avais fait circuler
» des écrits politiques. J'ai avoué que j'ignorais leur
» contenu : sur cet aveu, je fus condamné à mort sans
» qu'on ait permis à qui que ce soit de me défendre....
» J'appelai un défenseur. Il ne parut point. Devant
» Dieu, cependant, il paraîtra un jour en ma présence.
» O ma plus chère moitié, je te remercie de ton amour :
» que dieu te console ; ne m'oublie pas. Adieu à toi, à
» mes enfans. Que dieu vous bénisse ensemble. Nous
» nous reverrons tous un jour. » Ce 26 août 1806, dans ma prison. J. D. Palm.

Plus loin, j'entrerai dans quelques autres détails sur Wright.

guerre. S'il a été pris en temps de guerre, il est prisonnier de guerre; rien de plus. Il est de fait qu'il a été en guerre avec nous comme Souverain; mais il a depuis abdiqué cette souveraineté qu'il possédait *de facto;* et ne préférant pas devenir sujet de la France, il était sur le point de se retirer en Amérique avec la permission du Gouvernemeut provisoire français. Ne voyant pas la possibilité d'échapper à nos croiseurs, il s'est rendu; mais en réclamant la protection du Gouvernement anglais qui n'avait pas, d'après ma manière de voir, le droit de le considérer comme prisonnier de guerre, puisqu'il avait renoncé à la souveraineté, qu'en outre il n'avait point été pris les armes à la main. S'il vient dans ce pays, le Gouvernement a le droit d'exiger de lui soumission et fidélité ; mais il n'a pas celui de le priver de sa liberté (1) jusqu'à ce qu'il se soit rendu coupable d'une infraction à la loi.

---

(1) Serait-on obligé de dire de Buonaparte ce que Florus disait de Marius, *dèvenu plus grand par ses malheurs*, que son exil et sa prison avaient jeté sur sa personne une espèce d'horreur sacrée qui le rendait respectable.

En réponse à M. Lewis Goldsmith, qui fut autrefois, et très-volontairement un sujet de Buonaparte, je déclare, qu'aux termes de la loi d'Angleterre, puisque, soit comme ennemi étranger, soit comme sujet temporaire, il est tenu à une fidélité temporaire, il a droit en conséquence à la protection de la loi anglaise *sub modo;* que cette loi, pour l'intérêt de ses droits particuliers, le regarde ou comme prisonnier de guerre, ou comme ennemi étranger ou sujet temporaire. L'hypothèse *of Rex v. Schiever, 2 d. Burow's reports 765*, ne saurait être applicable ici.

Si l'on considère Buonaparte comme un ennemi étranger, il est sujet à la loi martiale: si les pouvoirs dont le Gouvernement est investi par les lois sont outrepassés, il a son recours au moyen de l'*habeas corpus;* s'il est donc enlevé du *Bellérophon* pour être transporté à l'île Sainte-Hélène, il peut requérir l'*habeas corpus* du lord Chancelier, en alléguant qu'il s'était confié lui-même à la générosité du Gouvernement anglais, avec la ferme intention de lui être soumis et fidèle : qu'il n'a point été pris portant les armes contre l'Angleterre, n'étant point en guerre avec elle; qu'après avoir été amené dans ce pays, il a été détenu contre son consentement; que des ordres ont été donnés par le secrétaire d'état ou les lords de l'amirauté pour le transporter à Sainte-Hélène; que, d'après cela, demandant un *habeas corpus* adressé au capitaine du *Bellérophon* ou de tout autre vaisseau de guerre, le secrétaire d'état ou le lord de l'amirauté qui dénaturera les faits, se verra exposé à une action pour cause de faux rapport.

Le décret des Puissances coalisées, quoique signé du duc de Wellington, ne peut justifier la violation d'aucune loi d'Angleterre.

A Practising Barrister.

N°. XII.

« The nobler action is
» In virtue than in vengeance:
Tempest. »

Je vais présentement donner plus d'étendue à la discussion qui nous occupe, et me résumer (*Voyez* N°. 4). Il a paru que l'Empereur avait, dans l'origine, abdiqué pour ne plus laisser de prétexte à la guerre des Puissances coalisées contre la France; mais son abdication était conditionnelle. Les conditions d'après lesquelles cette abdication avait eu lieu ne furent point adoptées. La guerre continue donc encore, mais aujourd'hui Napoléon prend une autre marche. « Ayant terminé sa carrière » politique, il vient, comme Thémistocle, s'asseoir sur les foyers du peuple britannique (1), » réclamer la protection de S. A. R. le Prince » Régent, celle des lois; il se met enfin à la » discrétion du plus puissant, du plus constant,

---

(1) L'idée que Buonaparte se présente comme un suppliant, dit-on à ce sujet, a été mal interprétée par les journaux qui ont rapporté cette allusion à la réception de Thémistocle à la cour de Xercès. Ces mots *m'asseoir sur les foyers du peuple britannique*, littéralement *to seat myself on the heart of british people*, a rapport à l'humble position du héros grec qui s'asseoit sur les foyers d'Admète, roi des Molosses, les dieux pénates étant placés à l'entour: cétait en effet la manière la plus solennelle et en même temps la plus respectueuse d'implorer une protection qu'il obtint.

« et du *plus généreux de ses ennemis.* » La justesse de deux de ces épithètes caractéristiques est assez reconnue, sans qu'il soit besoin de la prouver. *On voudrait en pouvoir dire autant de la troisième* (1).

Conformément à l'usage moderne le plus en vigueur, que j'appliquerai à l'hypothèse présente, les prisonniers de guerre (à moins qu'ils n'aient été plutôt échangés ou rachetés), retournent dans leur patrie et sont remis en liberté, lorsque la guerre est terminée. Ce sont des ôtages et non des prises à perpétuité. Dès que la guerre a cessé, on ne peut donc plus faire de prisonniers de guerre : il ne serait pas mal étrange qu'on pût faire prisonnier, l'homme qui se livre lui-même de bonne volonté. Le chef sur l'avis duquel la guerre a été commencée envisage Buonaparte comme ayant terminé les hostilités; l'hospitalité et les lois de l'État avec lequel Buonaparte était en guerre ne veulent plus, depuis la démarche

---

(1) Rien de plus admirable que le respect de certains anglais pour les princes qui les gouvernent.

qu'il a faite, qu'il soit regardé plus long-temps comme ennemi.

M. *Burdon*, qui assurément n'est pas partisan de Buonaparte, et qui d'ailleurs suppose que lorsqu'il mourra, sa mort n'excitera ni pitié ni regret; M. Burdon, dis-je, s'exprime de la même manière.

J'ai dit : en supposant que Buonaparte fût prisonnier de guerre, le devenant sous la plus favorable de toutes les hypothèses, il devait être considéré comme venant ici sur sa parole ; en conséquence on n'avait pu le détenir lors de son arrivée, lui défendre de mettre pied à terre, de voir qui bon lui semblerait, enfin le condamner, sous la surveillance de ses ennemis, à une perpétuelle captivité au-delà des mers, dans une île éloignée, à peine accessible et à-peu-près déserte. Cette idée d'un prisonnier de guerre, privé dans tous les cas possibles de tout espoir d'élargissement, de rançon, d'échange; ce choix du lieu de son exil, tout répugne à nos principes.

Il ne doit pas suivre de ce que les prisonniers de guerre amenés en Angleterre doivent y être gardés durant les hostilités, qu'ils puissent, comme le suppose *le Courrier*, être en cette qualité déportés pour la vie; qu'ils soient rejetés loin du sein de nos lois, de notre Constitution. Il ne doit pas suivre de ce qu'en vertu de quelques statuts temporaires les étrangers peuvent être requis de quitter cette île, quand nous sommes en guerre avec leur pays, que, lorsqu'une fois la paix est faite, on doive, s'ils viennent réclamer la protection de nos lois, répondre à leur requête en les constituant prisonniers ou en les déportant pour toujours.

J'ai dit qu'un étranger, pendant tout le temps qu'il réside en Angleterre, est sujet temporaire : cette distinction en sujets perpétuels et temporaires est admise par Grotius, et reconnue par nos propres jurisconsultes.

J'ai donc établi, qu'en cette qualité devant fidélité au Gouvernement qui l'accueille, tout étranger a droit à notre protection tant qu'il reste avec nous, qu'alors il est pleinement compris dans le bénéfice de l'acte d'*habeas corpus*; on ne peut douter de cette vérité, qui est conforme aux principes et à l'usage.

Ici, pardonnez-moi, je me suis défié de ma

propre raison, j'ai douté si je lisais plutôt le *Times* ou le *Courrier* que le *Chronicle*. Un exemple s'est rencontré ; quel exemple! je serais curieux qu'on en eût pu trouver un seul. Cet exemple que nos Ministres ont tâché de produire, servira dans toutes les hypothèses possibles, retentira dans l'Univers, sera consigné dans l'histoire, cité de tout temps : il aura cet effet de prévenir réellement à jamais l'existence d'un second fait semblable.

Mais voyons cet exemple : Un major Bernardi, comte de l'Empire, né en Angleterre, fut pris à bord d'un vaisseau amorti en vue de Colchester; on le remit de suite aux mains de la justice, en novembre 1691, et bientôt, par décision des Lords du conseil privé, il fut envoyé en prison à Newgate, le 25 mars 1696.

Comme il n'existait pas de charges suffisantes pour lui faire son procès, il fut, ainsi que plusieurs autres individus, détenu par un acte des 10 et 11 *w.* 3 *c.* 13, *Bargreave's state trials X appendix*. Le Roi William lui promit, dit-on, de lui accorder incessamment sa liberté. Mais le Roi mourut, et Bernardi demeura en prison.

En vertu d'actes successifs du Parlement, cet officier et gentilhomme continua d'être détenu pendant les règnes de la Reine Anne et de Georges Ier. ; il était alors réduit à un état de souffrance déplorable, couvert d'un ulcère, fruit d'une blessure négligée et de son long emprisonnement. Après avoir enduré, pendant près de trente-deux ans, un châtiment mille fois plus terrible que la mort la plus violente ; après avoir été incarcéré pendant le cours entier de trois règnes, il fut enfin délivré dans le commencement du quatrième et après le laps de quelques jours : il souffrit encore environ cinq ans des suites de ses infirmités, et la mort vint le délivrer en septembre 1728, c'est-à-dire, trente-sept ans après le jour de son premier emprisonnement et dans la quatre-vingt-deuxième année de sa vie. Juste ciel ! et de pareils faits servent d'exemple, et c'est pour faire honneur à l'inviolabilité des lois anglaises qu'on leur donne à nos yeux ce caractère !

Cet exemple ne sert à rien autre chose qu'à démontrer que l'accusation d'une infraction aux lois, soit de la part d'un étranger résidant ou d'un naturel du pays, peut donner lieu à un emprisonnement, mais provisoire, mais à l'effet seulement d'être jugé ; que le droit coutumier et les ordonnances, jusqu'à ce qu'elles soient induement changées, ne permettent pas un emprisonnement perpétuel et indéfini, et qu'enfin un vaisseau amorti dans un port se trouve sous la juridiction du pays auquel le rivage le plus prochain appartient.

Mais cet exemple n'est mis en avant que dans le but d'opérer la déportation de Buonaparte pour la vie. Et pourquoi? serait-ce pour sa conduite, alors qu'il tenait les rênes du Gouvernement de France? pour son départ de l'île d'Elbe, île qui lui avait été, sa vie durant, accordée en souveraineté?

Le sévère Grotius lui-même restreint l'interprétation qu'il donne aux droits de la paix et de la guerre, beaucoup moins étendus alors qu'ils ne le sont de nos jours. Au Xme. chap. de son IIIme. livre, il reconnaît que l'*æquum* et *bonum*, ce sentiment de la justice, de l'humanité et de la bienfaisance, que la crainte d'être réputé cruel et sans générosité, enfin l'empire de la morale chrétienne se sont tacitement désistés de certains droits prétendus de la guerre, fondés plutôt sur les simples dires de l'histoire que sur les lumières de l'équité.

Mais à quel temps de barbarie serons-nous reportés? Nous serons toujours ces Bretons féroces et cruels envers les étrangers qui les viennent visiter.

Mais quel titre donner à l'acte de déportation? quel serait son préambule? « Acte à » l'effet de transporter pour la vie comme pri- » sonnier au-delà des mers... à Sainte-Hélène... » Buonaparte, ex-empereur de France, pour » être venu volontairement dans la Grande » Bretagne réclamer la protection de nos lois, » s'assurer de notre hospitalité, se reposer sur » la générosité du peuple britannique. »

Mais les ministres doivent avoir une sauve-garde, dit-on! Mânes des Saville, des Fox, des Withbread, des Pitt, des Nelson, et toi, Roi vénérable, génie tout-puissant de nos armées, au nom de qui notre Gouvernement est administré !... une sauve-garde ! ! ! et pourquoi ? lorsqu'un bien d'une nécessité générale et reconnue a été opéré sous telles circonstances qui semblaient indépendantes de la sanction du Gouvernement, que ce bien ne pouvait pourtant s'effectuer légalement sans elle, une sauvegarde est alors de droit ; elle est encore admissible quand une erreur a été commise dans quelques points délicats de l'administration, mais non contre les principes généraux de la Constitution, contre la loi des Nations, de la nature et sur-tout contre l'honneur du caractère national.

Nous devons pourvoir à la sûreté publique. Sans doute : mais contre celui qui se place lui-même, si nous voulons y consentir, sous la protection de nos lois ; contre celui qui se confie au Gouvernement et à la nation anglaise ; contre un homme seul et environ cinquante de ses plus fidèles amis, en y comprenant leurs femmes et leurs enfans ! Cette sûreté est-elle donc indispensable à la Couronne, au Parlement d'Angleterre, au duc de Wellington, à l'armée de Waterloo, à notre marine, à douze millions de nos habitans ! (1) Quel homme oserait invoquer une

---

(1) Non sans doute, Monsieur l'égoïste ; mais elle est indispensable au repos de l'Europe... Pauvre avocat d'une plus triste cause... La France n'a-t-elle pas un inté-

semblable sûreté pour emprisonner un autre individu ? Et une telle mesure sera jugée nécessaire à la sûreté d'une nation éclairée, grande et libre !

De nouvelles idées ont été mises en avant ; elles ne sont qu'un libelle contre le gouvernement, auquel on peut supposer qu'elles s'adressent. Telle est l'idée de se saisir de la bibliothèque de Buonaparte, sans exception d'un seul volume, de toutes les valeurs qu'il a apportées ici avec lui ; telle est aussi cette autre idée de remettre les généraux B***** et L****, proscrits par le Gouvernement français, à la disposition de leurs ennemis.

Je conclue qu'à l'égard de Buonaparte et des gens qui l'ont accompagné, une liberté entière

---

rêt bien grand à n'être plus souillée de l'aspect du monstre que vous défendez ? tous les peuples du continent ne demandent-ils pas cette paix dont Buonaparte fut de tout temps l'ennemi le plus implacable ? vous le savez très-bien ; mais aussi perfide que celui auquel vous êtes vendu, vous cherchez à abuser vos compatriotes.

serait à-la-fois une politique bien entendue, et honorable pour nous (1).

CAPELL LOFFT.

N°. XIII.

DÉTAILS

Sur l'assassinat du capitaine Wright.

TO BUONAPARTE.

'Tis not the Countless thousands Slain,
Thou mightiest modern homicide!
On the Devouring battle plain
To gratify thy boundless pride

---

(1) La meilleure manière de faire connaître l'excellent esprit qui anime le bas peuple de l'Angleterre, est de rapporter les opinions de quelques vauriens qui, avides de sang, de carnage, de désordres, affectent une sensibilité dégoûtante, une hypocrisie ordurière. C'est là le cri des Jacobins dans tous les pays... Ils crient à l'assassin en vous égorgeant.

'Tis midnight Murder, dark and foul
Prompted by base revenge or fear
That blackens most thy guilty soul
And deepest stains thy stern career

Thou little deem 'dst when gallant Wright (1).
Was Crushed beneath thy cruel hand
Thou 'dst refuge seek in fallen plight
from Britain's fleet, and english land!

Rejected from that classic soil
Of liberty and pious Lore,
And doomed to far Helena 's Ile
Amid the vast Atlantic's roar.

---

(1) O le plus puissant des homicides modernes, n'est-ce pas assez d'innombrables milliers de victimes étendues sur le champ de bataille qui les dévora, pour satisfaire ton orgueil sans bornes!

Voilà l'assassinat nocturne, ténébreux et hideux, préparé par ta basse vengeance et la crainte qui noircit encore plus ton ame coupable, et couvre de taches plus profondes ta terrible carrière.

Comment as-tu pu croire, quand le brave Wright a succombé sous tes mains cruelles, que tu pourrais trouver un refuge, dans la chute de ton pouvoir, loin des flottes de la Grande Bretagne et du sol anglais!

Te voilà rejeté de cette terre de liberté et de tout ce qu'il y

There deprecate the wrath divine
And contrite, all thy crimes deplore;
There pen the self-accusing Line,
And humbly pray to sin no more.

Monsieur, peut-être, croyez-vous hypothétique l'assassinat du capitaine Wright, et je conviens qu'il ne paraît pas appuyé sur des preuves jugées légalement suffisantes. Mais je suis homme de mer, et j'ai été à même de savoir, *par bonne autorité*, que sir Sidney Smith a reçu une lettre d'un capitaine Wright, après qu'il eut été une fois mis à la question, pour le forcer à confesser quels étaient les royalistes avec lesquels il avait entretenu correspondance; il dit, dans cette lettre, que la torture allait être répétée, mais qu'elle n'aurait jamais l'effet

---

a d'humains, condamné à vivre dans une île, au milieu des mugissemens de la vaste Atlantique.

Là, désarme la vengeance divine, et déplore avec ferveur tes crimes affreux. Écris les lignes qui t'accusent elles-mêmes, et prie humblement pour ne plus pécher.

qu'on désirait; que l'on se gardât de penser qu'il eût jamais l'idée de *se* détruire lui-même. Est-il probable que Buonaparte aurait hasardé de le relâcher après un aussi cruel traitement, pour qu'il allât raconter ce qui lui était arrivé ?

H. I.

N°. XIV.

Rien n'est plus contraire à la générosité que de calomnier vaguement et sans preuves un homme dans sa chute. Votre correspondant H. I. essaye néanmoins de donner une preuve d'un de ces crimes multipliés si opiniâtrement imputés à Buonaparte, sans qu'on en ait en effet la moindre conviction. La tentative est belle, mais ce n'est qu'une tentative. Il a *eu occasion de savoir par bonne autorité* que sir Sydney Smith a reçu une lettre du capitaine Wright, où il établit qu'il a été torturé. Que la lettre soit produite! Nous ne voyons aucun motif pour qu'elle soit supprimée. Ni la lettre elle-même, ni la reconnaissanee de sir Sydney (quant à son authenticité), n'induira un homme sans passion à l'admettre comme une preuve. La lettre, telle qu'elle est décrite par H. I., si elle est authentique, montrera que la torture a été administrée au capitaine Wright, et, pour la première fois apportera une preuve de ce crime honteux commis par Buonaparte en France. Mais quoiqu'elle ait énoncé formellement la torture, crime aussi grand que l'assassinat lui-même, cependant, elle ne prouverait pas, comme H. I. l'insinue, que le capitaine Wright ait été assassiné. Le capitaine Wright assure sir Sydney Smith, dans cette lettre, qu'il ne se détruira pas lui-même; a-t-il jamais attenté sur sa vie auparavant. H. I. ou sir S. Smith peuvent répondre négativement à cette question, et s'ils peuvent apporter quelques faits qui puissent tendre à corroborer le soupçon de son assassinat par Buonaparte, ne sont-ils pas obligés de produire aussi ceux qui sont venus à leur connaissance et qui sont d'un caractère opposé? Plusieurs Anglais se trouvaient dans la même prison avec le capitaine Wright, ils sont maintenant en Angleterre; ont-ils la preuve qu'il ait été ou torturé ou assassiné? Ont-ils une forte croyance qu'il en ait été ainsi? N'a-t'on pas trouvé des papiers dans la chambre du capitaine Wright, où il se plaint d'une maladie incurable, où il indique une disposition à mettre fin à ses souffrances? Sa famille a reçu des lettres de lui après son emprisonnement. On dit qu'il s'y plaint amèrement et justement du mauvais traitement qu'il a éprouvé sur sa route de la côte au Temple, et des mauvais procédés qu'on y a eus pour lui. Mais font-elles mention de l'application à la torture? Ne déplorent-elles pas au contraire l'état de sa santé, et n'impliquent-elles pas la crainte d'approcher de la mort par la maladie ou par sa propre main.

Le geolier, sous la garde duquel le brave et malheureux officier anglais est mort, vit toujours. Son nom est Fauconier ou Fauconière. Il fut employé durant l'année dernière par Louis XVIII à Vincennes. Il a la réputation parmi les Royalistes d'être un homme probe et humain. H. I., qui accuse si audacieusement notre ennemi captif de torturer et d'assassiner un officier anglais, a-t-il examiné les meilleurs témoignages de l'action? S'est-il jamais mis en peine d'apprendre le résultat de l'examen d'autres hommes trop justes pour croire, et encore moins pour propager une accusation de culpabilité, jusqu'à ce qu'ils ayent examiné les faits et les circonstances sur lesquelles elle repose? Il y a de ces personnes en France, il en est aussi, et du plus haut rang, en Angleterre. Un meurtre se commet facilement dans une prison, et toutes les circonstances de soupçon échappent à l'observation du geolier. Fauconier peut sûrement n'avoir pas été complice; s'il l'était, il gagnerait maintenant plus par l'aveu que par le déguisement. Mais son caractère n'admet pas un tel soupçon, et la faveur et la protection que les Bourbons lui accordent, impliquent que les juges les plus compétens l'acquittent pleinement. Il a été pendant plus d'une année, et il est toujours dépendant d'un Gouvernement ennemi de la mémoire de Buonaparte. S'il a des raisons pour soupçonner un tel crime, il a tout motif d'honneur et d'intérêt à les produire. Mais il garde le silence, et à moins que je ne sois très-mal informé, il exprime, quand il est questionné sur ce sujet, sa pleine conviction que le capitaine Wright n'a été ni torturé, ni assassiné. L'assassinat, Monsieur, est la dernière de toutes les iniquités humaines.

H. I.

N°. XV.

Un correspondant qui signe H. I. a, dans un article qui a paru dans les papiers de ce jour, assuré qu'il n'existe pas de preuves assez fortes pour nous convaincre que le capitaine Wright a été, soit torturé, soit assassiné. Le principal argument de votre correspondant contre la supposition de torture ou de meurtre, s'appuie sur ce que Fauconnier qui était geolier au temple à l'époque de l'emprisonnement du capitaine Wright, avait été employé l'année dernière de la même manière au château de Vincennes, par S. M. Louis XVIII. La conséquence qu'on en doit tirer est que s'il eût été complice ou instrument de Buonaparte dans cette œuvre de ténèbres, Louis XVIII ne l'aurait point employé. Malheureusement pour l'argument de votre correspondant, il se trompe sur ce fait. Fauconnier n'a point été au service des Bourbons l'été passé : il quitta Vincennes, dont il avait été le premier concierge sous Buonaparte, lorsque les Alliés entrèrent à Paris en 1814, et depuis ce temps-là il n'a point été employé au service du Roi. Je puis assurer avec confiance l'avoir su dans le mois d'août dernier lorsque je fus à Paris. Je le recherchai de toutes les manières, mais en vain. Comme je ne pouvais en découvrir aucune trace, mon but, en voulant le trouver, ne fut point une simple curiosité; j'avais intention, à cette époque, de publier un ouvrage sur la police secrète de Buonaparte, dans lequel je devais être aidé par M. Morin, chef de bureau sous M. Beugnot, directeur-général de la police. Comme nous savions que Fauconnier était en possession de quelques renseignemens précieux, particulièrement parce que Buonaparte avait détruit les registres de la police avant de quitter Paris pour joindre l'armée de 1814. M. Morin m'accompagna dans la recherche que je fis de Fauconnier à Vincennes et dans d'autres lieux, comme je l'ai déjà dit, sans aucun résultat. Vincennes n'était point alors une prison mais une place d'armes. Les chambres étaient presque toutes remplies de poudre à canon, il n'y avait pas besoin de guichetier. — Comme je fus le premier écrivain qui a donné quelque chose ressemblant à un récit suivi du meurtre du capitaine Wright, vous conviendrez, monsieur, qu'il est naturel de vouloir soutenir ma propre réputation comme écrivain. Le récit que j'en ai fait se trouve dans mon histoire secrète du cabinet de Buonaparte, et se trouvera bien prouvé dans un ouvrage dernièrement publié à Paris sous le titre de l'*Histoire secrète des Prisons*, *page 86*. Je dis entre autre que je suis prêt d'affirmer sur serment que Réal, conseiller d'état de la police du département, et Desmarets, chef de la police secrète à l'époque que le capitaine Wright a été assassiné, m'ont dit que cet homme infortuné avait été *dépêché à la Pichegru*, c'est-à-dire qu'il avait été mis à la torture et assassiné. Fouché était alors ministre de la police, et les Ministres Britanniques qui se trouvent maintenant à Paris, peuvent, s'ils veulent, en confirmer la vérité. Il m'est en dernier lieu pénible d'exprimer mon étonnement de voir certaines gens qui se disent amis de la liberté, s'efforcer de défendre la conduite ou de pallier le crime de Buonaparte.

LEWIS GOLDSMITH.

N°. XVI.

Ad generum Cereris sine cœde et vulnere pauci
Descendunt Reges ac siccâ morte tyranni.

Monsieur, lorsque Brutus, animé de l'amour de la patrie, étouffait toute autre considération que celle de terminer le règne de César, les nobles d'entre les Romains approuvèrent son action, et quoique dans ces derniers temps on ait découragé l'assassinat d'un tyran, pour l'empêcher de faire d'autres malheurs, cependant on n'a pas encore trouvé de gens assez amis du despotisme pour oser nier que la justice doit étendre sur tout le monde, « la balance et la verge » et que tous les membres du corps politique, quelque soit leur rang, leurs dignités ou leur élévation, doivent être sous la puissance des lois.

Ces réfléxions se sont présentées à moi par la manière dont on en a usé avec Napoléon Bonaparte, après quil a manqué à sa parole, violé ses engagemens et ses sermens d'abdiquer les trônes de France et d'Italie pour toujours, et enfin après une usurpation criminelle. Ce coupable, par la bonté du roi de France, et par les artifices de ***, a échappé à un jugement public pour ses crimes, et se trouve maintenant consigné sans la moindre punition dans une île pour lui servir de demeure, bien plus fertile et plus agréable que celle qu'on lui avait auparavant accordée.

L'île de Sainte-Hélène destinée à sa réception, attire naturellement notre attention, comme faisant partie des possessions de la Compagnie des Indes orientales, et pour plusieurs raisons, une partie très-utile et très-considérable. Tous les avantages qu'elle possède comme lieu de rafraîchissement pour les vaisseaux des Indes revenant chez nous, et comme rendez-vous pour les convois en temps de guerre, doivent maintenant être nuls d'après la tradition de cette ile à la couronne, et la défense de tout commerce avec elle, défense qui s'étend à toutes les classes des vaisseaux étrangers et commerçans. La conséquence de cette tradition, qui provient des arrangemens politiques et de la déférence qu'on a montrée pour Bonaparte, est pour Sainte-Hélène un sujet de ruine. On verra dans la suite jusqu'à quel point ces malheurs auront de l'influence; mais maintenant il peut n'être pas déplacé de réfléchir sérieusement s'il convient qu'un seul sujet de Sa Majesté, dans quelque partie que ce soit de nos colonies ou de nos établissemens, doive souffrir par rapport uniquement à cet homme qui a déjà même causé des torts si graves à des milliers de citoyens dans la Grande-Bretagne, et presque dans toutes les autres parties de l'Europe. Je crains qu'on n'ait tout-à-fait négligé les intérêts du bon peuple de l'île Sainte-Hélène, pour favoriser un criminel que nous ne pouvons pas oublier, comme ayant été l'ennemi acharné de toutes les nations qui se sont opposées à ses projets. Mais on pourra m'objecter que je porte trop loin mon ressentiment contre les vaincus. Point du tout. Il était consigné dans l'île d'Elbe, et j'espérais n'entendre plus parler de ce nom qui « faisait pâlir l'univers ».

Mais il était inquiet comme le tigre, rusé comme le serpent ; il portait dans ses actions le caractère d'une cruauté qui ne connaît pas le remords : aussi ses manœuvres insidieuses nous menaçaient d'un danger toujours renaissant. Si le calcul lui eût appris que l'Europe armée contre lui, accablerait sa puissance ; s'il avait raisonné en politique et senti en chrétien, il aurait profité du repos qu'on lui accordait pour expier ses torts passés, par la pénitence et par la prière.

Son dernier effort a démontré que se fier à ses protestations ou à ses sermens, était d'honneur s'abuser.

Le sang de milliers d'hommes a été versé avant que le malheur causé par une fausse générosité envers un homme déclaré par son propre sénat, hors l'enceinte de toute société civilisée, ait pu être réparé. Vous tous qui pleurez la perte de vos enfans ou de vos époux massacrés ; dites si leur sang innocent ne retombe pas sur la tête de ce scélérat, seul auteur de tous vos malheurs ! Mérite-t-il nos attentions, notre respect, celui qui n'a jamais vaincu que pour détruire ? L'usurpateur d'un trône qu'il venait d'abdiquer par des sermens solemnels, et qu'il a de nouveau abdiqué, est-il digne d'être favorisé dans un pays qu'il a tenté de tous ses moyens de détruire ? Celui qui reçoit chez lui un rebelle, qui ne veut pas le livrer à la justice, ne devient-il pas son complice ? Et devons-nous encourir le crime de trahison en protégeant le traître, et en lui fournissant une retraite assurée. — Et cela encore aux dépens de l'Angleterre ! *Proh pudor !* Voilà donc le résultat d'une longue guerre, suivie d'un fardeau insupportable pour le public, provenant du même homme, qui en est le seul auteur, en fermant toujours l'oreille à toute espèce d'accommodement. — Est-ce ainsi que nous payons notre dette à la postérité, par une action sans pareille dans tous les âges et dans tous les pays ? — Est-ce ainsi qu'eût été traité notre bon roi, s'il était venu à tomber entre les mains du tyran ? Se sauver des mains de la justice, en fuyant dans notre propre patrie, c'est littéralement tomber entre les mains d'un ennemi ; et ce fugitif a-t-il d'autre droit que celui d'être renvoyé pour rendre compte de sa conduite, sur-tout si le crime est un forfait public et notoire.

Il est un principe posé par un célèbre *Chief justice*, que c'est l'abus du sens commun de dire « qu'un homme vient s'établir, parce qu'il » vient se réfugier sans la connaissance du propriétaire, et parce que la femme, selon son » devoir, ne l'a pas mis à la porte. Il n'y a » point de communication, point de location, point de droit d'établissement; ce n'est » que l'irruption d'un fugitif, une simple cachète qu'il rencontre dans sa fuite. Il n'y » a point de prétexte pour affirmer qu'on ait » obtenu un établissement légal. »

Cette décision est tout-à-fait analogue au cas de Buonaparte. Si l'on eût consulté les lois de la justice nationale, nous soutenons qu'il aurait fallu livrer cet homme au roi de France, pour être jugé publiquement dans quelques-unes des îles de la côte de France, où il n'eût pas été possible à ses partisans nombreux de le défendre. Là, on aurait pu le traduire devant sa cour favorite, un tribunal militaire ; et une conviction indubitable s'en étant suivie, on aurait terminé, comme celle de Murat, une existence qui, tant qu'elle durera, fera horreur à tous les hommes de bon sens. Mais le mal ne s'arrête pas ici. — L'espoir de son retour flatte encore ses adhérens en France ; mais heureusement ils ne sont plus nombreux; ce n'est pas que je craigne qu'il puisse jamais s'emparer de nouveau du trône : cependant quel avantage avons-nous à lui conserver la vie... Et quelque peu de mal qu'il pût faire encore, ce serait toujours de trop.

L'île de Saint-Hélène a été particulièrement le théâtre d'insurrections partielles multipliées, et même il n'y a que trois ou quatre ans, que des troubles très-sérieux de cette nature y ont eu lieu. N'est-il pas probable que les pertes essuyées par cette île, en conséquence de la suspension de son commerce, ou de la conduite emportée d'un commandant, puissent armer quelque bras plus puissant pour donner l'exemple de la rebellion ? Dans une telle crise, quel serait le changement opéré sur le sort du prisonnier d'état ? Il en arriverait sans doute un très-alarmant.

Quel que bien discipliné que paraisse le soldat anglais dans son pays, si vous le contrariez au dehors, vous excitez toute l'irascibilité de son caractère. Nous avons une preuve remarquable de cette vérité dans les annales de Sainte-Hélène, rapportée dans l'ouvrage intéressant de M. Brooke, *page* 259. Pour les détails, il faut renvoyer à l'ouvrage même, et je me contenterai de raconter que dans l'an 1785, une révolte ayant éclaté dans la garnison, les troupes séditieuses, au nombre de deux cents hommes, complotèrent de s'emparer d'un poste sur *Ladder Hill*, dans cette île, dans lequel il y avait des pièces de campagne, des mortiers, et différentes munitions; ils s'étaient déjà mis en possession de la tour d'Alarme; ils avaient tourné leurs armes contre leurs officiers, et ne furent réduits que dans les formes régulières de la guerre.

Je suis entré dans ces détails, dans la vue, plutôt, de montrer les intrigues et les mécontentemens qui naissent dans un établissement borné comme celui de Sainte-Hélène, avec les conséquences qui en résultent, que pour appuyer sur la probabilité incertaine de les voir renaître dans un degré assez caractérisé pour exciter quelques craintes sérieuses.

CATON.

No. XVII ET DERNIER.

Je suis très surpris qu'on trouve encore des hommes qui osent chercher à pallier les crimes de Buonaparte : qu'ils répondent donc aux questions que je vais leur faire !

N'a-t-il pas, sous de coupables prétextes, dirigé son armée vers la capitale de l'Espagne, essayé d'imposer sur les Espagnols un roi de sa fabrique, lequel fut méprisé, détesté, et bientôt chassé par eux ?

N'est-il pas revenu dans cette capitale avec une armée encore plus considérable pour établir de vive force ce prétendu roi ?

N'a-t-il pas eu la prétention de faire regarder cet intrus comme roi légitime de l'Espagne, comme le souverain du choix de ses habitans? Pourquoi? Parce que la Junte assemblée par ses ordres et réunie à l'ombre de ses baïonnettes menaçantes, avait reconnu sa créature pour souverain?

N'a-t-il pas fait passer à des Commissions militaires des Espagnols qui n'étaient coupables d'aucun autre crime que celui d'avoir résisté à un ennemi qui venait ravager leur territoire, leurs villes, leurs villages; d'avoir refusé fidélité à un souverain qui n'avait pour tout appui, toute recommandation que le glaive des étrangers?

Allié du Gouvernement espagnol, n'a-t-il pas abreuvé le peuple de ce pays de toutes sortes d'outrages, levé des contributions, vécu de rapines; en un mot, encouragé des excès qu'on se permettrait à peine sur un territoire ennemi?

N'exista-t-il pas un tribunal créé sous les auspices du général français commandant à Madrid pour connaître des crimes de trahison des Espagnols? N'ont-ils pas été victimes d'une accusation de trahison contre un gouvernement qui, de notoriété, n'aurait pu exister un seul jour, si la force qui le supportait avait été renversée ?

De telles exécutions, quoiqu'appelées actes du tribunal espagnol, ne furent-elles pas de véritables meurtres *français* et des crimes commis contre la loi des Nations par un usurpateur étranger ?

N'a-t-il pas établi des amendes dans les endroits où les paysans avaient tué quelque soldat étranger en défendant leurs femmes, leurs propriétés, leur pays ?

De semblables crimes, en quelque lieu de la terre qu'ils soient commis, méritent l'exécration de l'Univers ; il n'est point de succès brillans, point de gloire militaire qui puisse sanctifier, excuser de tels actes de perfidie, de cruauté et d'injustice !

FIN DES DOCUMENS PUBLIÉS EN ANGLETERRE.

CONCLUSION DU TRADUCTEUR.

Toutes les pièces qu'on vient de lire ont été publiées authentiquement en Angleterre. Quelques-uns de leurs auteurs jouissent d'une considération méritée; quelques autres, d'une influence dangereuse. J'ai dû cependant rapporter la teneur de ces lettres avec la plus franche impartialité, la plus rigoureuse exactitude, puisqu'elles sont, en effet, le premier document, les seuls écrits que l'Europe possède encore sur cette grande question de savoir si la déportation de Buonaparte à l'île Sainte-Hélène peut être considérée comme une peine juste et suffisante de sa dernière rébellion. Ces pièces, quoique curieuses en ce qu'elles nous donnent une idée des opinions, de l'esprit du peuple anglais ne tendent à considérer néanmoins Buonaparte que dans ses rapports, ses griefs, sa position même actuelle vis-à-vis de la Grande Bretagne, et ce point de vue est beaucoup trop rétréci.

C'est au Tribunal de l'Univers que Buonaparte doit compte de ses forfaits. C'est dans la balance éternelle des lois de toutes les Nations qu'on a dû peser et les crimes d'un rebelle et leur châtiment. Mais par une de ces exceptions inouies, de ces faveurs inattendues, Buonaparte échappe à la mort si justement méritée : quels ont donc été les secrets agens de cette fatale reddition au peuple Britannique, de la déportation à l'Ile Sainte-Hélène? Quel Acte du Parlement d'Angleterre, quelle décision authentique des Puissances Coalisées ont donné jusqu'ici même l'idée du sort qu'on lui réserve? Où trouver une seule pièce officielle, émanée soit du magnanime Alexandre, soit de l'Empereur d'Autriche, du Roi de Prusse, soit même de l'auguste Louis XVIII, qui proclame la déportation de Buonaparte et lui donne aux yeux de ce grand coupable un caractère ineffaçable de légitimité ?

Je sais tout le respect qui est dû aux mystères de la Diplomatie ; je sais avec quelle délicatesse d'opinions il convient d'apprécier des mesures politiques dont le motif nous est inconnu ; enfin je connais toutes les restrictions que m'impose impérieusement le choc immense des grands intérêts de l'Europe ; cependant, fidèle au Roi, à la vérité, à l'honneur, j'essaierai de dévoiler bientôt les rouages encore inconnus d'une Conspiration qui, nous séparant d'un excellent Roi, d'un Monarque légitime, nous livra pour la seconde fois aux fureurs d'un factieux. Je le suivrai pas à pas dans les détours de cet affreux labyrinthe de maux et d'erreurs où ses adhérens voulaient replonger la France ; enfin, j'oserai, en m'appuyant du langage immuable de la Justice, du témoignage éclatant de l'Histoire, de l'autorité de toutes les Lois de l'Europe, j'oserai dire : quel devait être à jamais le sort de Buonaparte ? Je le dirai, le signerai même, s'il le faut de mon sang. Heureux, par mes réflexions, de fournir au futur Historien du plus grand des criminels une des pages les plus surprenantes de sa vie !

FIN.

TABLE DES MATIÈRES.

	Pages.
UN MOT *du Traducteur.*	5.
Préface de M. Goldsmith.	9.
Adresse aux Souverains de l'Europe.	21.
Proclamation anglaise.	54.
Documens curieux publiés en Angleterre, lors de la déportation de Buonaparte.	59.
Nos. Ier. — *Probus.*	ib.
II. — *le même*	73.
III. — *le même.*	81.
IV. — *Capel Lofft.*	92.
V. — *Probus.*	98.
VI. — Lewis *Goldsmith.*	109.
VII. — *Jun***s.*	116.
VIII. — *Hist***s.*	118.
IX. — *Probus.*	120.

Nos. X. — *Bellérophon.* 132.

XI. — *Practising Barrister.* 142.

XII. — *Capel Lofft.* 148.

XIII, XIV, XV. — *Détails sur Wright.* 162.

XVI. — *Caton.* 172.

XVII. — *Léonidas.* 180.

Conclusion du Traducteur. 183.

FIN DE LA TABLE DES MATIÈRES.

De l'Imprimerie de DOUBLET, rue Gît-le-Cœur, n.° 7.

www.ingramcontent.com/pod-product-compliance
Ingram Content Group UK Ltd.
Pitfield, Milton Keynes, MK11 3LW, UK
UKHW020124200726
13856UKWH00002B/719

9 782011 749208